4

Eckhard Bodenstein

Kleines Flensburg-ABC

Fotografien von Günter Pump

Husum

Zu Beginn etwas Geschichte

Flensburg ist nicht nur eine der schönsten, sondern auch eine der interessantesten Städte Deutschlands. Die Lage an der Innenförde ist geprägt durch eine pulsierende Altstadt und pittoreske Hänge mit Grünzonen und markanten Gebäuden. Die wechselvolle Geschichte dieser Stadt, die von den Zerstörungen des Zweiten Weltkriegs weitgehend verschont blieb, ist allgegenwärtig. Flensburg hat etwa 88.000 Einwohner. Zu einer Gebietsreform zwecks Eingemeindung z. B. der reichen Umlandgemeinden Handewitt und Harrislee mit ihren großen Gewerbegebieten ist es bis heute nicht gekommen. Im Speckgürtel leben rund 25.000 Menschen, die u. a. von dem enormen Grenzhandel in den sehenswerten Dänen-Shops wie Fakta, Calle, Fleggaard, Otto Duborg oder Poetzsch profitieren.

1240 wird die Stadt erstmals urkundlich erwähnt, und 1284 erhält sie das Stadtrecht. Es kreuzen sich hier die Handelsstraßen von Angeln nach Friesland (Ost-West) und von Jütland nach Hamburg (Nord-Süd). Auf dieser Achse, dem sog. Ochsenweg, trieb man das Vieh in die norddeutschen Hansestädte. Ein geschützter Natur-

Das Epitaph Beyer in der Marien Kirche zeigt wohl das älteste Bild der Stadt Flensburg (Ausschnitt) .

hafen begünstigte die weitere Entwicklung der Stadt. Nach der Fischersiedlung um die kleine St. Johanniskirche entstehen nun die Marienkirche im Norden und die St. Nicolai-Kirche im Süden der Altstadt. Flensburg entwickelt sich zur bedeutendsten Stadt im Herzogtum Schleswig als Teil des dänischen Gesamtstaates und ist Heimathafen von ca. 200 Handelsschiffen. Der Dreißigjährige Krieg mit Brandschatzungen durch Wallenstein sowie durch die Schweden beendet diese Blütezeit. Ab 1720 erholt sich die Stadt allmählich, wozu der Walfang, aber auch der Handel mit Norwegen, das wie Flensburg zum dänischen Reich gehört, beitrug. Wichtig wird dann der Handel mit den dänischen Kolonien in Westinden. Von hier kommen Tabak, Rohrzucker und vor allem hochprozentiger Rum. Es entsteht die charakteristische Höfe-Struktur mit ihren Speichergebäuden. 1795 umfasst die Flensburger Handelsflotte wieder 295 Schiffe sowie

In und um Flensburg finden sich viele historische Grenzsteine mit einer Geschichte, die bis in das Jahr 1241 zurückreicht. Ab 1601 ließ man in die Grenzsteine die Jahreszahl 1601 und F für Flensburg meißeln.

zahlreiche Raffinerien, Destillen und 200 Rumhäuser.
Im 19. Jahrhundert kommen Nationalbewegungen auf, die zu Auseinandersetzungen zwischen dem dänisch- und deutschsprachigen Teil der Bevölkerung, der sich nach Süden orientiert und den Anschluss an die deutschen Einigungsbestrebungen sucht, führen. Von 1848 bis 1851 kommt es zum Ersten Schleswigschen Krieg, der von deutscher Seite auch heute noch als „Erhebung", von dänischer Seite jedoch als Bruch des Treueschwurs und als „Aufruhr" („oprør") gegen den Landesherrn in Kopenhagen bezeichnet wird. Die besonders für die deutsche Seite verlustreiche Schlacht im Juli 1850 bei Idstedt (nördlich von Schleswig) endet mit einem Sieg der Dänen, die 1862 ihr Siegerdenkmal, den Idstedt-Löwen, in Flensburg errichten. Die dänische Seite strebt nun die Aufhebung der Sonderstellung und unmittelbare Eingliederung des Herzogtums Schleswig sowie die Zurückdrängung der deutschen Sprache an.
1864 kommt es zum Krieg zwischen den Garantiemächten Preußen und Österreich einerseits und dem Königreich Dänemark andererseits. Die Erstürmung der Düppeler Schanzen im April 1864 besiegelt die dänische Niederlage. 1867 wird Flensburg Teil der neuen preußischen Provinz Schleswig-Holstein, aber noch bis in die 1880er-Jahre wählt eine Mehrheit der Flensburger dänisch gesinnte Kandi-

Panorama von der Ostseite

daten in den Preußischen Landtag und in den Berliner Reichstag. Flensburg erlebt einen enormen wirtschaftlichen Aufschwung, die Einwohnerzahl hat sich bald auf 50.000 verdoppelt. Die Werft, der Ausbau der Infrastruktur, das Militär, neue Straßenzüge, das Schul- und Gerichtswesen mit seinen markanten Bauwerken prägen nun das Stadtbild. In den fünfzig Jahren zwischen dem Schicksalsjahr 1864 und 1914 ist die Stadt eine andere geworden.

Nach dem Ende des Ersten Weltkriegs bestimmt der Versailler Vertrag für 1920 eine Festlegung der deutsch-dänischen Grenze auf der Grundlage einer Abstimmung in mehreren Abstimmungszonen. Am 10. Februar 1920 hatte diese Abstimmung in Zone I nördlich von Flensburg (Nordschleswig/Sønderjylland) mit einer deutlichen dänischen Mehrheit geendet. Am 14. März stimmt Flensburg zu rund 75 % deutsch und zu ca. 25 % dänisch. Die Zeit der Abstimmung führt zu schweren Verwerfungen in der Bevölkerung. In den 1920er-Jahren baut die sich nun organisierende dänische Minderheit ihre Parallelstrukturen auf. Flensburg erhält sein „Deutsches Haus" und die Dänen ihre „Duborg-Skolen".

Nach 1933 verstärken sich die Forderungen nach einer Revision des Versailler Vertrages und einer Grenzverschiebung nach Norden. Berlin wünscht jedoch keine Unruhe im Grenzland, woran sich auch nach der Besetzung Dänemarks 1940 nichts ändert.

Bei Kriegsende hat sich die letzte

Blick von der Duborg-Aussichtsplattform auf die Stadt.

Reichsregierung unter Admiral Dönitz in die Marineschule Flensburg-Mürwik zurückgezogen, wo sie erst am 23. Mai 1945 von den Engländern verhaftet wird. Die Folgezeit bringt für Flensburg zwei bedeutende Veränderungen: 1. Durch den Zuzug von Flüchtlingen verdoppelt sich die Einwohnerzahl auf über 100.000; 2. Unter dem Eindruck des totalen Zusammenbruchs erstarkt die dänische Bewegung und bildet bald die deutliche Mehrheit unter der einheimischen Bevölkerung – letztlich mit der Forderung nach Ausweisung aller Flüchtlinge und einer Grenzverschiebung nun in südlicher Richtung. Bei der ersten Bundestagswahl 1949 gelingt es den Dänen sogar, ein Bundestagsmandat zu erringen.

Von deutscher Seite ergreift man eine Reihe von Gegenmaßnahmen, die Flensburg einige neue Institutionen (und Arbeitsplätze) beschert: 1946 Pädagogische Hochschule; 1950 Regionalstudio des NDR, 1952 Kraftfahrt-Bundesamt, 1960–1975 Ausbau der Landeszentralbibliothek, Sitz des Landes-

theaters Schleswig-Holstein und Sitz des Landessinfonieorchesters Schleswig-Holstein u. a. m. Dies alles sind Betriebe und Institutionen, die ohne die jahrzehntelange Konkurrenzsituation mit den Dänen wohl nicht nach Flensburg gekommen, sondern natürlich auch für das viel größere Lübeck oder das gleichgroße Neumünster interessant gewesen wären. Typisch Flensburg: Als Ende der 1950er-Jahre der (damals) moderne, großzügige und teilweise aus Dänemark finanzierte Neubau der Dansk Centralbibliotek in der Norderstraße 59 eingeweiht wird, dauert es nicht lange, bis 1962 ein (inzwischen abgerissener) Neubau der Stadtbücherei die Türen öffnen kann.

Seit den 1970er-Jahren hat sich das Verhältnis zwischen dänisch und deutsch Gesinnten deutlich entspannt. Die bis heute andauernde Sanierung und Umgestaltung der gesamten großflächigen Altstadt hat die zuvor schon bestehende Identifikation der Bürger mit ihrer Stadt deutlich erhöht. Die Flensburger sind Lokalpatrioten, die stolz sind auf ihre schöne Stadt und ihre kulturelle Vielfalt, die sie unvergleichlich macht.

Adelby

Adelby wurde 1974 eingemeindeter Stadtteil im Osten Flensburgs (→*Kirchen und Kloster*). Die in und um Flensburg verbreitete Endung -by ist dänisch und kann „Dorf", „Stadt" oder „Siedlung" bedeuten. Der im Stadtteil St. Jürgen beginnende und nach Osten verlaufende Adelbyer Kirchenweg deutet heute noch darauf hin, dass das Ostufer der Förde bis zum Bau der St.-Jürgen-Kirche 1907 zum Kirchspiel Adelby gehörte. Der sehr schön angelegte Friedhof ist Grabstätte für den östlichen Teil Flensburgs. Die Adelbyer Kirche ist weithin sichtbar mit ihrem barocken Kupferturm. Um 1200 entstand sie als spätromanische Dorfkirche mit Grundmauern aus unbehauenen Feldsteinen. Zu Ehren des dänischen Königs Christian VII. als damaligem Patron der Kirche wurde 1775 eine Sandsteintafel an der Westseite des Turmes mit dem Monogramm und goldener Inschrift auf blauem Grund „Soli Deo Gloria" – Allein zur Ehre Gottes – angebracht. Umbauten und Renovierungen 1931 und in den 1960er-Jahren gestalteten den Innenraum heller als zuvor. Unmittelbarer Nachbar der Kirche ist die Anfang der 1970er-Jahre erbaute Kurt-Tucholsky-Schule, die als erste (damals kooperative) Gesamtschule ein leidenschaftliches Pro und Contra entfachte. Dieser Zweckbau ist zeittypisch.

Die St.Johanniskirche in Adelby zählt zu den ältesten Kirchen der Region.

A

Alexandra

Der 1908 gebaute Salondampfer Alexandra ist das letzte seegehende Passagierdampfschiff Deutschlands. Die „Alex" befährt die Flensburger Förde zunächst zwischen Flensburg und Sonderburg, ab 1946 bis 1975 zwischen Flensburg und Glücksburg. Danach wird der Dampfer als unrentabel stillgelegt und verfällt. Aus der Bürgerinitiative „Rettet die Alexandra" entwickelt sich der heute noch existierende Förderverein als Betreiber des Schiffes, das 1982 als Kulturdenkmal anerkannt und 1990 unter Denkmalschutz gestellt wird. Nach einer längeren Grundüberholung in einer kleinen Werft in Arnis kehrt die Alexandra 1988/89 nach Flensburg zurück. Der Salondampfer mit der weithin sichtbaren Rauchfahne kann privat gechartert werden und bietet Ausflugsfahrten an. Die „Alex" ist Begleitschiff z. B. bei der Kieler Woche, bei Segelregatten und stets die Hauptattraktion beim Flensburger „Dampf-Rundum".

Technische Daten:
Länge: 37 m; Breite: 7,20 m; Tiefgang: 3 m; zugelassene Personenzahl: 150; Leistung: 420 PS (309 KW); Höchstgeschwindigkeit: etwa 12 Knoten.

Das letzte seegehende deutsche Passagierdampfschiff, die Alexandra, wurde 1908 in Hamburg gebaut.

Nord Ostsee
Sparkasse
FLENSBURGER

Alter Friedhof

Auf dem Museumsberg →*Museen* liegt der um 1810 angelegte Alte Friedhof, auf dem schon lange keine Bestattungen mehr stattfinden. Hier befinden sich zahlreiche klassizistische und neugotische Grabstätten, zum

Teil mit dänischen Inschriften, sowie große Grabanlagen für Gefallene der beiden Schleswigschen Kriege 1848–51 und 1864. Von 1862 bis 1864 stand hier der →*Idstedt-Löwe*, der 2011 an seinen ursprünglichen Standort zurückgekehrt ist. Die Friedhofskapelle des dänischen Architekten Axel Bundsen (1768–1832) ist ein Hauptwerk des Klassizismus in Norddeutschland.

Das Eisengussgrabmal (links) der Familie Christiansen auf dem Alten Friedhof. Es ist ein Nachguss des Grabmals für Prinz Leopold Victor Friedrich von Hessen-Homburg und wurde von Karl Friedrich Schinkel gestaltet. Unten: die Friedhofskapelle des dänischen Architekten Axel Bundsen

Bibliotheken

Unter den Städten ähnlicher Größe (ca. 90.000 Einwohner) dürfte Flensburg einen Spitzenplatz einnehmen, was die Anzahl von Büchern und weiteren Medien in ihren fünf bedeutenden Bibliotheken angeht.
Die moderne **Flensburger Stadtbibliothek** mit ihren ca. 123.000 Medien befindet sich seit 2006 im obersten Stockwerk der Galerie (→*Einkaufspassagen und Shopping-Center*). Bis 1962 war sie im Seitenflügel des →*Deutschen Hauses* untergebracht. Als jedoch die dänische Minderheit Ende der 1950er-Jahre ihren (damals) schicken Bibliotheksneubau in der Norderstraße 59 realisierte, musste man sich dieser für Flensburg typi-

Blick in die Flensburger Stadtbibliothek im obersten Stockwerk der Flensburg Galerie

Dansk Centralbibliothek in der Norderstraße

schen deutsch-dänischen Konkurrenz stellen und errichtete 1962 einen Neubau an den Süderhofenden, der 2003 abgerissen wurde, um der Einkaufspassage Flensburg Galerie Platz zu machen, deren Teil die Bibliothek heute ist. Die Stadtbibliothek bildet mit der Volkshochschule und ihren Schulungs- und Vortragsräumen quasi eine Bildungs- und Kulturinsel im Obergeschoss der Einkaufspassage.

Die **Dansk Centralbibliotek for Sydslesvig** in der Flensburger Norderstraße 59 ist einer der kulturellen Mittelpunkte der dänischen Minderheit (→*Dänen*; →*Flensborghus*). Sie gliedert sich in eine Erwachsenen- und Kinderabteilung. Hinzu kommen die Studieafdeling (Forschungsstelle) sowie das Archiv der dänischen Minderheit. Erbaut 1956, wurde die Bibliothek später erweitert und modernisiert. Hier finden dänische Sprachkurse, Vorträge, Konzerte und Kunstausstellungen statt. Die Benutzung der Dienste der Bibliothek steht jedermann frei und ist kostenlos. Sie wird zu rund 85 % vom dänischen Staat finanziert; 14 % schießen Land und Kommune zu, und der Rest von rund 2 % wird aus Eigenmitteln bestritten.

Die Zentrale Hochschulbibliothek befindet sich auf dem Campusgelände

Die **Zentrale Hochschulbibliothek (ZHB)** befindet sich auf dem Campusgelände zwischen Universität und Hochschule Flensburg (früher: Fachhochschule, →*Hochschulen*). Hier stehen rund 250.000 Bücher sowie mehr als 20.000 E-Journals zur Verfügung.

Die frühere Landeszentralbibliothek in der Waitzstraße nennt sich heute Leihverkehrs- und Ergänzungsbibliothek (LEB). Sie verfügt über ca. 13.700 Medien und ist eine Art Zentralbibliothek für alle öffentlichen Büchereien in Schleswig-Holstein, aber gleichzeitig auch individuell nutzbar. Sie umfasst wertvolle Altbestände (z.B. Karten) mit dem Schwerpunkt Schleswig-Holstein und südliches Dänemark. Diese stehen zu Forschungszwecken zur Verfügung.

Schließlich ist noch die umfangreiche, bereits 1910 gegründete **Fachbibliothek** der →*Marineschule Mürwik* zu nennen mit ihren weit über 60.000 Medien, die auch zivilen Nutzern zur Verfügung stehen.

Bier

Wegen seiner hervorragenden Wasserqualität ist Flensburg ein guter Brauerei-Standort. Aus verschiedenen Vorgängern entstand 1888 die heutige Flensburger Brauerei am Munketoft 16, die keiner der großen

Das kristallklare Wasser aus unterirdischen Gletscherströmen wird für die Herstellung des Flensburger Bieres verwendet.

Ketten angeschlossen ist und sich mit ihren rund 170 Mitarbeitern noch weitgehend in Familienbesitz befindet. Flaggschiff unter den Produkten ist das herbe Flensburger Pils in der charakteristischen Flasche mit dem Bügelverschluss – „plop!“. Brauerei-Besichtigungen sind nicht nur möglich, sondern auch beliebt. Der Zeichner Rötger Feldmann hat das „Flens“ mit seiner Comic-Figur Werner weithin bekannt gemacht. Die größte Flensburger Multi-Halle heißt „Flens-Arena“. Hier, auf dem Campus-Gelände in der „Hölle Nord“, spielt die SG Flensburg-Handewitt, eine der besten Handballmannschaften Deutschlands. Eine Klein-Brauerei befindet sich in Hansen's Brauerei, Schiffbrücke 16.

Bommerlunder

Der Bommerlunder ist ein populärer Aquavit (ca. 38 %) auf Kümmelbasis, der seit den 1880er-Jahren in Flensburg gebrannt wurde, bis die Produktion im Jahr 2000 nach Haselünne (Niedersachsen) verlegt wurde. Der Name rührt von Bommerlund im südlichen Dänemark her, etwa 12 km nordwestlich von Flensburg, wo ein großer Forst mit Gedenkstein heute noch Bommerlund Plantage heißt.

Burghof

Der Burghof liegt zwischen Toosbüystraße 11 und Marienstraße 22. Diese innenhofgeprägte Wohnbebauung der Jahre 1909/1910 mit Jugendstilelementen ist ein Ensemble im Stil des sog. „Heimatschutzes", der sich bewusst von dem als pompös erachteten Baustil der Gründerzeit abgrenzen wollte, wie er in der Toosbüystraße beispielhaft zu sehen ist. Der gesamte Burghof wurde Ende der 1980er-Jahre saniert und hat den Status eines Kulturdenkmals. Zum „Heimatschutz" rechnet man in Flensburg prägende Bauten wie das Deutsche Haus, den Bahnhof, die Handelslehranstalt (Schlosswall) oder die Au-

Der Burghof hat den Status eines Kulturdenkmals

guste-Viktoria-Schule (Südergraben). Die Mitte der Wohnanlage ziert ein natürlicher Brunnen. Gemeinsam mit Am Burgfried und Schlosswall bildet die Toosbüystraße – benannt nach einem früheren Oberbürgermeister – ein wohl einmaliges architektonisches Ensemble. Die um 1900 oft im Jugendstil errichteten großbürgerlichen Wohn- und z. T. Geschäftshäuser zeigen eine Fülle von gestalterischen Details.

Dänen

Das Ortsschild FLENSBURG – FLENSBORG begrüßt den Besucher und verweist auf die historisch weit zurückreichende Präsenz des Dänischen (→*Zu Beginn etwas Geschichte*). Mit der dänischen Niederlage 1864 und der 1867 erfolgten Einverleibung Schleswig-Holsteins in Preußen befanden sich die dänisch Gesinnten in einer mehr oder weniger geduldeten Minderheitensituation. Nachdem nach Beendigung des Ersten Weltkriegs die Abstimmung über die neue Grenzziehung in der ersten Zone am 10. Februar 1920 eine klare Mehrheit für Dänemark ergeben hatte, stimmte die Stadt Flensburg in der zweiten Zone am 14. März 1920 zu 75 % deutsch, was zugleich die Geburtsstunde der dänischen Minderheit war. Zunächst in bescheidenem Umfang entstanden dänische Schulen (→*Schulen*), Kindergärten, Kirchengemeinden (→*Kirchen und Kloster*) sowie Kultur- und Sportvereine. Nach 1945 wuchs die dänische Bewegung sprunghaft an und hatte um 1948 für einige Jahre Rückhalt bei einer Mehrheit der einheimischen Bevölkerung. Für die vielfältigen dänischen Aktivitäten steht heute der Dachverband Sydslesvigsk Forening (→*Markante Gebäude;* →*Flensborghus*); die politische Vertretung der Dänen ist der Südschleswigsche Wählerverband (SSW), der bei Kommunalwahlen in Flensburg mit rund 20 % der Stimmen rech-

Dänisches Generalkonsulat am Nordergraben

nen kann. 2010 wurde ein Vertreter der Dänen, Simon Faber, zum Oberbürgermeister gewählt. Während bei einer Mehrheit der dänisch Gesinnten Flensburgs Deutsch die Umgangssprache ist, wird die dänische Sprache in allen Einrichtungen der Minderheit als verbindendes, identitätsstiftendes Element intensiv gepflegt. Anders als fast alle anderen Minderheiten in Europa ist die dänische Minderheit eine sog. Bekenntnisminderheit und keine Abstammungsminderheit, und das bedeutet, dass das Bekenntnis zu und die Mitgliedschaft in der Minderheit für jedermann frei sind, solange man die Zielsetzung anerkennt: die Förderung der dänischen Sprache und Kultur.

Deutsches Haus

1920 hatte Flensburg mit 75 % für den Verbleib beim Deutschen Reich gestimmt. Die folgenden Jahre mit politischen Unruhen, Reparationszahlungen, Inflation und Arbeitslosigkeit führten dazu, dass erst 1928 mit dem Bau des Deutschen Hauses begonnen werden konnte. Wie eine oft übersehene Gedenktafel aus Terrakotta über dem Haupteingang besagt, war dieser Ort der Pflege des Deutschtums gewidmet – als „Reichsdank für deutsche Treue“. Der monumentale Klinkerbau ist geprägt vom Übergang des Heimatschutzes zum Expressionismus und zum Bauhaus-Stil (vgl. auch den Flensburger Bahnhof). Wichtigster Raum ist der große holzgetäfelte Saal als Spielstätte für das örtliche Sin-

fonieorchester, den Bach-Chor und viele weitere Events, u. a. den Bühnenball, den Neujahrsempfang und das Schleswig-Holstein Musik Festival. Es gibt diverse Nebenräume für Kleinkunst und Vorträge. In einem Seiten-

flügel ist das Programm-Kino „51 Stufen" zu Hause, in einem weiteren Nebengebäude, der ehemaligen Bücherei, haben u. a. IT-Firmen ihren Sitz. Noch bis in die 1970er-Jahre mieden die Flensburger Dänen das „Deutsche Haus". Seit dem Auftritt der dänischen Rocklegende Kim Larsen (1975) ist „Det Tyske Hus" jedoch heute ganz selbstverständlich auch Spielstätte des süddänischen „Sønderjyllands Symfoniorkesters".

Die Holm-Passage ist eine moderne Einkaufspassage in der Innenstadt

Einkaufspassagen und Shopping-Center

Eine hübsche kleine Einkaufspassage der Innenstadt ist die seit mehr als 25 Jahren existierende Holmpassage am Holm 39, in die auch alte Bausubstanz einbezogen wurde und die sich an die Struktur der →*Höfe* anlehnt. 2006 eröffnete die Südermarkt-Einkaufspassage „Galerie" ihre Pforten. Zu Beginn war dieses Großprojekt umstritten, da viel alte Bausubstanz für den Neubau geopfert wurde. Allerdings sind die Kritiker heute verstummt. Höher schlugen die Wellen beim ersten Flensburger Einkaufszentrum „auf der grünen Wiese", dem Förde-Park, der 1996 eröffnet wurde. Er liegt 2,5 km südlich der Innenstadt. Flensburg, das von seiner Fläche her durch die Gemeinden Handewitt (mit Jarplund-Weding) und Harrislee regelrecht eingeschnürt ist, wollte damit dem Bau eines entsprechenden Shopping-Centers in einer der Umlandgemeinden zuvorkommen. Der Förde-Park atmet den Charme des Ruhrgebiets, wie Kritiker sagen. Für 2017 ist hier eine grundlegende Modernisierung geplant. Gewiss wurde diese veranlasst durch die 2015 erfolgte enorme Modernisierung und Ausweitung des am westlichen Stadtrand gelegenen Citti-Parks, des Hauptkonkurrenten. Zu Recht oder zu Unrecht: der Förde-Park gilt als „proletarisch", der

Einkaufen auf drei Etagen mit über 70 Fachgeschäften in der Flensburg Galerie

Der Citti-Park war das erste Einkaufszentrum auf der „grünen Wiese"

Citti-Park als „fein". – Wenn auch in den Nachbargemeinden Harrislee bzw. Handewitt gelegen, gehören die riesigen Dänen-Märkte dennoch zu den Flensburger Besonderheiten, die man einfach gesehen haben muss. Um nur einige zu nennen: Am Harrisleer Industrieweg liegen Fakta, Fleggaard, Otto Duborg und Poetzsch sowie in Handewitt der Scandinavian Park. Zu Tausenden pilgern die Dänen – besonders an den Wochenenden und vor den großen Feiertagen – in diese riesigen Supermärkte, um sich u. a. mit Getränken und Süßigkeiten zu versorgen. Manche haben sogar gleich einen Anhänger dabei …

Förde-Park und die riesigen Dänen-Märkte

Events

Die Flensburger Kulisse rund um den Hafen und die historische Altstadt mit ihren zahlreichen Höfen bietet sich für Events aller Art an.

Ende April: Folk Baltica, ein Folk-Festival mit Mitwirkenden aus dem ganzen Ostseeraum sowie zahlreichen Spielstätten, auch nördlich der Grenze.

Mai: Rum-Regatta, großes Gaffelsegler-Treffen (→*Rum*).

Anfang Juni: Jahrestreffen der dänischen Minderheit („årsmøde") mit Volksfest-Charakter (→*Dänen*).

Juli: abwechselnd jedes zweite Jahr das Treffen alter Dampfschiffe beim „Dampf Rundum" und der „Sail Flensburg" mit Großseglern, historischen Jachten und traditionellen Gaffelseglern.

Mitte Juli – Mitte August: Flensburger Hofkultur. Live-Musik kleiner Ensembles in neun der vielen historischen Höfe (→*Höfe*).

Mitte Oktober: Apfeltörn. Segelschiffe transportieren Äpfel aus Glücksburg und Angeln nach Flensburg und Kollund/DK, wo sie verkauft werden.

November: Flensburger Kurzfilmtage.

Ende Dezember: die berühmte Flensburger Punsch-Meile vom Südermarkt über den Holm bis zur Großen Straße.

Viele weitere Events finden in Autohäusern, im Skater-Park (Neustadt) und rund um die Hafenspitze statt.

Flensborghus

Großenteils aus Steinen des abgerissenen Schlosses Duburg 1724/25 zunächst als Waisenhaus errichtet, ist das Flensborghus heute in der Norderstraße 76 der administrative und z. T. auch kulturelle Hauptsitz der dänischen Minderheit (→*Dänen*). Das Haus liegt in unmittelbarer Nachbarschaft der Dansk Centralbibliotek (→*Bibliotheken*) und, über die Marientreppe (→*Treppen*) zu erreichen, nicht weit von der Duborg-Skolen (→*Schulen*).

Förde

Die Flensburger Förde, die als eines der schönsten Segelreviere gilt, erstreckt sich über rund 40 km von der Wasserslebener Bucht in östlicher Richtung. Ausgehend vom Flensburger →*Hafen* reicht die Binnenförde bis zur Halbinsel Holnis, die Außenförde erstreckt sich bis zur Geltinger Bucht, wo sie sich zur Ostsee hin weitet. Ebenso wie die Apenrader Förde (Aabenraa Fjord) und die Eckernförder und Kieler Förde ist sie als Ausschürfung eiszeitlicher Gletscherzungen entstanden. In der Mitte verläuft seit 1920 die Staatsgrenze. Am Nordufer liegt – etwas zurückgesetzt – Gravenstein (Graasten) mit seinem Schloss, das Namensgeber der berühmten Apfelsorte ist. Ekensund (Egernsund) beheimatete um 1900 eine interessante Künstlerkolonie. Schon an der Außenförde liegt das Ziegelei-Museum „Cathrinesminde". Bedeutend ist Sonderborg (Sønderborg) mit seinen historischen Museen (Sønderborg Slot, Dybbøl Historiecenter). Am dänischen Ufer verläuft der Wanderweg „Gendarmenpfad" („gendarmstien"), auf dem noch bis in die 1960er-Jahre die dänische Grenzpolizei patroullierte. Am Südufer der Binnenförde liegt der Kurort Glückburg mit seiner Hauptattraktion, dem Schloss. An der Außenförde befinden sich die Badestrände von Holnis und Langballigau. An der Geltinger Bucht erstreckt sich das weitläufige Naturschutzgebiet der „Geltinger Birk", wo u. a. Konik-Wildpferde zu finden sind.

H

Hafen

Nach dem Niedergang als Hafen für die Westindien-Route (→*Rum*) erlangte die Förde-Schifffahrt immer größere Bedeutung. Eine Gedenktafel an der Schiffbrücke 8 erinnert an ihren Pionier, Friedrich Bruhn (1832–1909). Auch nach der Grenzziehung 1920 erfuhr sie regen Zuspruch. An Bord sprach man →*„Petuh"*. Nach 1945 wurden aufgrund des zollfreien Einkaufs von Butter und Zigaretten die sog. Butterfahrten immer beliebter. Mitte der 1960er-Jahre zählte man 2,5 Mio. Fahrgäste. Der EU-Binnenmarkt brachte dann das Aus. Heute wird im Wesentlichen nur noch die Route Flensburg–Glücksburg befahren. Populärer Treffpunkt ist die Hafenspitze mit Restaurants, Fischmärkten und Events aller Art. Am Westufer reihen sich historische Gebäude aneinander bis hin zur Museumswerft, gefolgt von den Stadtwerken und der FSG

Die Schiffbrücke (nächste Doppelseite) ist Ausgangspunkt der Fördeschifffahrt, vor allem in Richtung Glücksburg. Hier liegen auch etliche Kneipen und Diskotheken.

ALEXANDER VON HUMBOLDT II
BREMERHAVEN

POMMES-FRITES

(Flensburger Schiffbaugesellschaft), einem der größten Arbeitgeber der Stadt.
Vom Ostufer, wo aktuell das Robbe & Berking Yachting Heritage Center hinzugekommen ist, ein Ausstellungsraum für historische Jachten, bietet sich ein Blick auf die westliche Skyline. Der Hafen als Umschlagplatz hat kontinuierlich an Bedeutung verloren. Größter Posten sind die Kohleanlieferungen für die Stadtwerke, danach folgen Getreide, Stückgut und Futtermittel.

Im Fischereihafen (unten) gibt es an den Wochenenden je nach Jahreszeit frisch geräucherte Schollen, Steinbutt, Makrelen, Dorsch oder Aal.

Hochschulen

Aus der 1886 gegründeten Königlichen Seedampf-Maschinistenschule ist die heute auf dem Campusgelände gelegene **Hochschule Flensburg** (früher: Fachhochschule, FH) hervorgegangen. Die mehr als 4000 Studenten studieren u. a. technische Fächer (z. B. Maschinenbau), Wirtschaft, Informatik und Elektronik. Ein Teil dieser Hochschule ist die Seefahrtsschule. Die Hochschule bemüht sich um das Promotionsrecht, was bisher allerdings am Widerstand der Kieler Universität gescheitert ist. Im Vorgriff schmückt sich diese Institution aber schon einmal mit dem Titel einer „University of Applied Sciences“.

Die **Flensburger Universität** befindet

Blick auf das Campus-Gelände

sich ebenfalls auf dem Campus, in Nachbarschaft zum Campus-Bad und zur Flens-Arena. Hervorgegangen ist sie aus der 1946 gegründeten Pädagogischen Hochschule für Volksschul- und – ab 1963 – Realschullehrer. Sie heißt heute Europa-Universität Flensburg und hat mehr als 5000 Studenten, nach wie vor mit dem Schwerpunkt der Lehrerausbildung. Seit 2005/2006 sind daraus Bachelor- und Master-Studiengänge für alle Schultypen bis Klasse 10 sowie für einige Gymnasialfächer geworden. Daneben gibt es Studienbereiche wie „International Management", „Energie- und Umweltmanagement", „European Studies" oder den Studiengang „Kultur – Sprache – Medien". Insgesamt sind mehr als 9000 Studenten an den Flensburger Hochschulen immatrikuliert.

Holm, Große und Norderstraße

In Schleswig-Holstein kann höchstens Lübeck mit Flensburg konkurrieren, was den Erlebnisraum „Fußgängerzone" angeht, der sich über fast zwei Kilometer erstreckt. Im Süden beginnt er mit der Roten Straße, die wie der ganze Bereich eine Vielzahl von →*Höfen* aufweist, an denen man auf keinen Fall vorbeilaufen sollte. Den Südermarkt dominiert die Nikolaikirche (→*Kirchen und Kloster*). Mittwoch und Sonnabend sind die beiden Markttage, aber auch Demonstrationen und Kundgebungen, z. B. am 1. Mai oder vor Wahlen, werden hier

Der Holm ist schon seit 1968 für den Straßenverkehr gesperrt, eine der ältesten Fußgängerzonen

abgehalten. Auch die größte innerstädtische Einkaufspassage mit Bibliothek, die „Galerie“, liegt hier. Am Holm befinden sich Kaufhäuser und größere Fachgeschäfte, u. a. in der Holmpassage, sowie die Holmnixe

In der Großen Straße (unten) wurde 1989 ein Stein eingelassen. Er markiert den historischen Mittelpunkt der Stadt Flensburg und soll an die zentrale Lage des Thingplatzes erinnern.

Die Schrangen wurden 1595 als Verbindungsbau zwischen Marienkirche und Nordermarkt erbaut

(→*Quellen*). Nach Norden quert die Rathausstraße den Fußgängerbereich, wobei es hier zwar kein Rathaus mehr gibt, dafür aber das Theater. In der sich anschließenden Großen Straße beleben Straßencafés das Bild, und in der dänischen Heiliggeistkirche (→*Kirchen und Kloster*) findet man eine Oase der Stille. Den Nordermarkt prägen der →*Neptunbrunnen* (→*Quellen*) und die Marienkirche mit den davor liegenden Schrangen, ein um 1600 errichteter Verbindungsbau mit Arkaden zwischen Markt und Kirche. Und immer wieder →*Höfe*, eine charakteristische städtebauliche Struktur, die sich in der teilweise verkehrsberuhigten Norderstraße bis zum →*Nordertor* fortsetzt.

Die Norderstraße ist eine historische Durchgangsstraße in der Altstadt

Dieser Flensburger „Kiez" ist geprägt durch ein buntes Multi-Kulti-Leben, aus dem die Gebäude der dänischen Minderheit herausragen: die Dansk Centralbibliotek (→*Bibliotheken*) und das →*Flensborghus*. Ein Spaziergang vom Nordermarkt zur →*Phänomenta* und zum Nordertor, mit einem Abstecher in den Oluf-Samson-Gang, ist für den Interessenten historischer Bausubstanz ein Erlebnis. Die sehenswerten Hinterhöfe werden neuerdings von vielen Studenten der expandierenden Hochschulen, aber auch von Einwanderern und Kulturschaffenden bewohnt. Im Juli/August gehen hier zahlreiche Veranstaltungen der „Flensburger Hofkultur" über die Bühne.

In den alten Hinterhöfen sind noch die alten Aufzüge erkennbar, die auf die Hafennähe hinweisen

Höfe

Ein Blick auf den Plan der Innenstadt mit der langen Nord-Süd-Achse (Norderstraße, Nordermarkt, Große Straße, Holm, Südermarkt, Rote Straße) lässt die für Flensburg so typische Höfe-Struktur erkennen. Links und rechts dieser Achse laden die Höfe zum Entdecken und Verweilen ein. Hier sind meist noch die alten Aufzüge erkennbar, die auf Handwerker, Kaufleute und Lagerbetriebe in Hafennähe hinweisen. Heute sind hier kleine Restaurants, Wohnungen oder Läden eingerichtet – von der Weinstube bis zum

A J

Borgerforeningen. Auf Seite 54/55 wird der Brasseriehof gezeigt

Suppen-Shop, vom Glasbläser bis zum Tapas-Restaurant. Nicht verpassen sollte man in der Roten Straße den Braasch-Hof mit seiner Rum-Destille und Weinhandlung (Nr. 26–28), danach den Kruse-Hof, den Blumen-Hof und den Sonnen-Hof. Am Holm liegt der Holm-Hof Nr. 43–45), gegenüber der Dethleffsen-Hof, gefolgt von der Holm-Passage. Am Holm sollte man nicht am Hof Borgerforeningen (Nr. 17) vorbeigehen. Die gesamte Große

Westindien-Speicher an der Speicherlinie 34

Straße entlang kann man zu beiden Seiten auf Entdeckungstour gehen. Um nur zwei dieser Höfe zu nennen: der Brasseriehof (Nr. 42–44), der zur neu gestalteten Speicherlinie führt, wo sich in Nr. 34 Bella Secunda befindet. Ein Beispiel für die typische Lagerhausarchitektur, die viele prägt, ist der 1789 errichtete Westindienspeicher an der Speicherlinie, in dem u. a. Rohzucker und Tabak aus den dänischen Kolonien in der Karibik gelagert und verkauft wurden (→*Rum*). Der Zugang erfolgte über die Große

Ein typischer Handelshof aus dem 18. Jahrhundert ist der Kaufmannshof

Der Hof beim dänischen Aktivitetshus zeigt viele schöne Details aus vergangener Zeit

Straße 24. Die Waren wurden mit Giebelkränen auf die verschiedenen Lagerebenen gehievt. Heute sind die vielen Speichergebäude begehrte Büro- und Wohnadressen. Kurz vor dem Nordermarkt sollte man zur Hangseite (West) unbedingt in den Neptunhof (Nr. 79) hineinschauen. Die Fortsetzung findet sich in der Norderstraße, wo der Künstlerhof (Nr. 16), der Lagerhaushof (Nr. 38), der Hof beim dänischen Aktivitetshus (Nr. 49) und der Kaufmannshof (Nr. 86) zur Besichtigung zu empfehlen sind, um nur einige zu nennen.

Idstedt-Löwe

Der Idstedt-Löwe steht auf dem →*Alten Friedhof*, nur wenige Minuten westlich der Innenstadt, hinter dem Städtischen Museum. Es ist eine monumentale und mit Sockel über 7 m hohe, imposante Löwen-Figur, die drohend nach Süden blickt. Ursprünglich wurde der Löwe am 25. Juli 1862 von den Dänen aufgestellt, zur Erinnerung ihres Sieges über die schleswig-holsteinischen Truppen am 25. Juli 1850 bei Idstedt in der Nähe von Schleswig. 1864 kam der bei der Flensburger Bevölkerung unbeliebte Löwe als preußische Kriegsbeute nach Berlin, wo er auf einem Kasernenhof alle Wirren der Zeit überdauerte. 1945 wurde der Löwe nach Kopenhagen transportiert und beim dänischen Militärmuseum „Tøjhusmuseet" aufgestellt – schon damals in der Hoffnung, er möge eines Tages nach Flensburg zurückkehren. Davon konnte aber in den ersten Jahrzehnten nach Ende des Krieges, die stark von einer deutsch-dänischen Konfrontation geprägt waren, keine Rede sein. Erst in den 1990er-Jahren zeichnete sich allmählich in der Flensburger Ratsversammlung eine Mehrheit für die Rückkehr ab, allerdings unter wenigstens zwei Bedingungen: Die ursprüngliche, kriegerische Inschrift auf diesem dänischen Siegesdenkmal sollte durch eine Botschaft des Friedens und der Versöhnung ersetzt werden und die Kosten für die aufwendige Restaurierung, für die Neuschaffung und Ausschmückung des Sockels sowie für den Transport von Kopenhagen nach Flensburg hatten die Dänen zu übernehmen. Und so geschah es: Am 10. September 2011 wurde unter großer Festlichkeit die Rückkehr des Löwen gefeiert – von Dänen und von Deutschen.

Jürgensby

Hoch über dem Ostufer der Innenförde mit einer Bausubstanz vom Anfang des 20. Jahrhunderts (→*Kirchen*; →*Treppen*) liegt der Stadtteil Jürgensby. Vom Erlenweg hat man wunderbare Ausblicke auf Hafen und Altstadt. Das Kapitänsviertel, manchmal als „Klein-Blankenese" bezeichnet, befindet sich links und rechts der Sankt-Jürgen-Straße mit malerischen Gassen, Gängen und →*Treppen*. Nach der Umgestaltung in eine Fußgängerzone sind die innerstädtischen Grundstücke mit Hanglage und Hafenblick sehr begehrt.

Wenn heute Besuchergruppen durch diesen verträumten Stadtteil geführt werden, kann man sich kaum vorstellen, dass hier einmal eine mehrspurige Straße hinauf zur St.-Jürgen-Kirche und zum Adelbyer Kirchenweg geplant war. Die Bewahrung ist die Erfolgsgeschichte einer Bürgerinitiative von 1975. Den Steuermannsgang, Flatzbygang, Tötensgang, Ravnsgang, Schiffergang und die Pilkentafel sollte man bei einem Besuch nicht auslassen – sie liegen nur wenige Schritte vom Zentrum entfernt.

Kioske

Flensburg ist deutschlandweit die Stadt der Kioske. Hier gibt auch sonntags und abends neben den üblichen Dingen wie Zeitungen, Zeitschriften, Lottozetteln und Cola, morgens Brötchen und den vergessenen Liter Milch. Zur Buddel Bier gibt's den Schnack mit den anderen. Oft ist ein kleiner Vorraum vorhanden, sodass man nicht der Kälte und dem Regen ausgesetzt ist. Hier kann man besonders leicht mit Flensburgern ins Gespräch kommen und ist schnell per „du". Leider nimmt die Zahl der Kioske ab, da die Discounter natürlich einige Cent billiger sind. Gut 30 Kioske gibt es noch, verteilt über die ganze Stadt. Um nur einige zu nennen: Paschi's Kiosk, Harrisleer Straße; Fränk's Kiosk, Burgstraße; Yogi's Drugstore, Burgplatz; Claudis Kiosk, Kiefernweg; Downstairs, St. Jürgenstraße/Kurze Straße; Kiosk am Bremer Platz.

Annies Kiosk liegt am dänischen Fördeufer (Sønderhav) mit Blick auf die idyllischen Ochseninseln – auch ein Biker-Treff mit (angeblich) den besten Hot-Dogs der Welt. Als Annie Bøgild, die dort seit 1966 ihren Kiosk betrieb, im Oktober 2016 verstarb, herrschte fast eine Art „Staatstrauer".

K

Kirchen und Kloster

Die älteste unter den evangelischen Kirchen ist **St. Johannis** von 1128, eine einschiffige, romanische Hallenkirche, umgeben vom Johanniskirchhof. Neben den gotischen Gewölben sind die 1910 wieder freigelegten Kalkmalereien von besonderem Interesse. In der Johanniskirche finden häufig Konzerte oder auch Rockmessen statt. Mit dem Bau der Kirche **St. Marien** wurde 1284 begonnen, also in dem Jahr, in dem Flensburg die Stadtrechte erhielt. Sie ist eine gotische, dreischiffige Hallenkirche. Bis 1958 wurden noch wesentliche Umbauten und Restaurierungen vorgenommen (z. B. 1880 der

Um 1100 wurde mit der St.-Johannis-Kirche (unten) die erste Siedlung an der Förde gegründet. Der Altar (rechte Seite) in der Marien-Kirche aus dem Jahr 1598 von H. Ringerink und J. v. Enum ist ein Hauptwerk der protestantischen Spätrenaissance-Altarkunst im Lande.

K
67

Das Pfingstfenster von Käte Lassen ist sehenswert

Turm). Unbedingt sehenswert sind die von Käte Lassen (→*Persönlichkeiten*) von 1949 bis 1956 geschaffenen Glasfenster. An der Marienkirche entstand 1906 der weithin bekannte Flensburger Bach-Chor, seit 1975 geprägt von

Der Altar in der Nikolai-Kirche wurde 1749 von Margarethe C. Valentiner gestiftet.

Kirchenmusikdirektor Matthias Janz (→*Persönlichkeiten*). – Die den Südermarkt beherrschende Kirche **St. Niko-**

Die Orgel von Heinrich Ringeringk in St. Nikolai stellt ein besonderes Prunkstück dar. Sie ist die größte und bedeutendste Orgel der Renaissance im norddeutschen Raum.

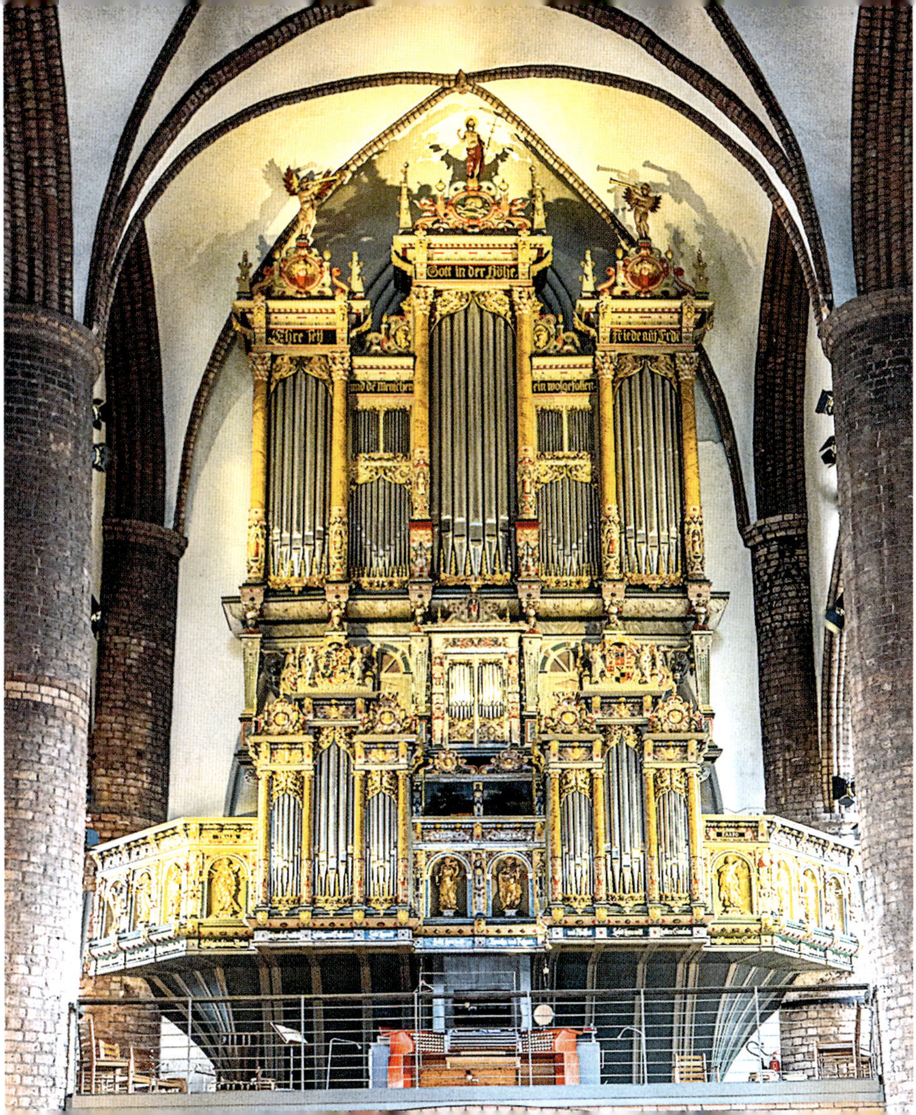
Ehre sey
Gott in der Höhe
Friede auf Erde
und de Menschen
ein wolgefallen

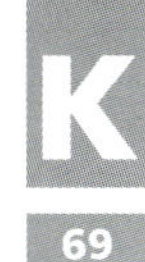

Berühmt ist in der St.-Jürgen-Kirche das Altarbild von Hans Peter Feddersen

lai ist die größte unter den Flensburger Kirchen. Der Bau war 1390 begonnen und 1480 vollendet worden. Der Turm von 1584 brannte 1877 ab und erhielt danach seine neugotische Gestalt. St. Nikolai besitzt eine der größten Orgeln Schleswig-Holsteins, erbaut 1609 und restauriert von 1991 bis 2009. Mit der Industrialisierung im Umfeld der Werft entstand im Norden der Stadtteil Neustadt, dessen **St. Petri-Kirche** an der Bauer Landstraße 1909 zeitgleich mit dem →*Burghof* im Stil des Heimatschutzes errichtet wurde. Die **St. Jürgen-Kirche**, die die Silhouette der Oststadt (Jürgensby) dominiert, entstand 1907. Berühmt ist das Altarbild von Hans Peter Feddersen. Seit 1974 gehört auch der östlich gelegene Ortsteil →*Adelby* mit seiner aus dem 11. Jahrhundert stammenden hübschen **Dorfkirche** zur Stadt Flensburg. Im Ortsteil Weiche (Sylter Straße) befindet sich die 1912 erbaute

Steinerne Inschriftentafel über dem Klostereingang

Heilandskapelle, die heute als Stadtteil-Kulturzentrum dient. Sehenswert ist hier ein Wandgemälde von Käte Lassen (→*Persönlichkeiten*). – Das frühere **Franziskanerkloster** „Zum heiligen Geist" in der Nähe des Südermarkts ist baulich stark überformt, hat aber noch einen kleinen Kirchenraum bewahrt. Es dient heute als Seniorenwohnanlage. – Die katholische **St.-Marien-Kirche** wurde 1900 eingeweiht und befindet sich am Nordergraben 36. – Die dänisch Gesinnten Flensburger haben in der Großen Straße 43 ihre Hauptkirche, die **Heiliggeistkirche** (Helligåndskirken), eine zweischiffige Hallenkirche von 1386 mit einem hellen Innenraum und bemerkenswerten Votivschiffen. Die

Das Taufbecken in der Heiliggeistkirche

Helligåndskirken ist eine Oase der Stille mitten in der Fußgängerzone. Die zweite bedeutende dänische Kirche ist die **Ansgar Kirke**, Apenrader Straße 25, in der Nachbarschaft der Petrikirche im Norden Flensburgs. Diese Kirche wurde 1968 eingeweiht und als besonders gelungener Neubau 2007 unter Denkmalschutz gestellt.

Kompagnietor

An der Hafenfront gelegen, diente es nach seiner Errichtung 1602 als Haus des Schiffergelags, einer Art Kapitänsinnung. Im Inneren ist der Kachelsaal sehenswert, und an der Außenfront befinden sich Hochwassermarken. Die Frontseite zieren zum einen

Die Frontseite des Kompagnietores ziert das Flensburger Stadtwappen

Nach seiner Errichtung diente das Kompagnietor 1602 als Haus des Schiffergelages

das Flensburger Stadtwappen und zum anderen das Wappen des dänischen Königs Christian IV. Heute beherbergt das Kompagnietor das ECMI (European Centre for Minority Issues, Europäisches Zentrum für Minderheitenfragen). Das ECMI beschäftigt sich mit Minderheitenfragen in der Forschung, erstellt Dokumentationen und mischt sich auf europäischer Ebene ein, wenn es um den Status und die Rechte von Minderheiten geht.

Kraftfahrt-Bundesamt (KBA)

1951 wurde das KBA gegründet und ab 1952 in Flensburg ansässig. Der zeittypische Neubau in der Fördestraße 16 (Mürwik) stammt aus dem Jahr 1965. Arbeitsschwerpunkte der ca. 900 Mitarbeiter sind das Fahreignungsregister und die Erfassung der sog. „Punkte". Früh wurde mit Lochkarten gearbeitet, und schon 1976 wurde die EDV-Bearbeitung eingeführt. Mit der Wende mussten u. a. 1 Mio. Trabis registriert werden. Das ehemalige Kraftfahrzeugtechnische Amt der DDR (KTA) wird heute als Außenstelle in Dresden fortgeführt.

Kraftfahrt-Bundesamt

Krankenhäuser

Flensburg hat sein städtisches Krankenhaus, die Klinik Ost, 1988 geschlossen. Nunmehr ist es eine Flensburger Besonderheit, dass die beiden einzigen allgemeinen Krankenhäuser unter konfessioneller Leitung stehen: die Evangelisch-lutherische Diakonissenanstalt, **DIAKO**, und das katholische Malteserkrankenhaus St. Franziskus. Die DIAKO begann 1874 als Diakonissenanstalt, auch als Ausbildungsstätte für diesen protestantischen Orden, in Flensburg oft liebevoll „Dickenissen" genannt. Diakonissen gibt es keine mehr, aber auf der obersten Leitungsebene wird die konfessionelle Bindung deutlich. So steht ein Pastor an der Spitze des Unternehmens, und ein evangelischer Bischof ist Vorsitzender des Aufsichtsrats. Für die Patienten spielt dies keine Rolle. Spiegelbildlich verhält es sich mit dem **FRANZISKUS**, nur mit katholischem Vorzeichen. Die Anfänge von FRANZISKUS gehen zurück auf das Jahr 1864, als katholische Schwestern Verwundete des Krieges zwischen Preußen-Österreich und Dänemark in Flensburg versorgten.

Beide Krankenhäuser in Flensburg stehen unter konfessioneller Leitung.

Marineschule Mürwik

Die imponierende Gesamtanlage mit dem charakteristischen Turm – auch das „Rote Schloss am Meer" genannt – erlebt man in ihrer Pracht am besten von der Wasserseite. Sie wurde von 1907 bis 1910 errichtet und orientierte sich an der Tradition der Backsteingotik und der Ordensburgen entlang der gesamten Ostseeküste.

Seit 1910 – mit der Unterbrechung von

1945 bis 1956 – werden hier Offiziere und Offiziersanwärter der Bundesmarine ausgebildet. Bei einer zu empfehlenden Besichtigung sollten die z. T. sehenswerten Innenräume nicht vergessen werden. Die umfangreiche Bibliothek und Dokumentationszentrale steht Interessierten zur Verfügung (→*Bibliotheken*; →*Zu Beginn etwas Geschichte*).

Markante Gebäude

Neben dem Museumsberg, einigen →*Schulen* und →*Kirchen* sowie dem →*Alten Friedhof* (Bundsen-Kapelle) prägen weitere sehenswerte Bauten und Ensembles das Stadtbild.

Das Alt-Flensburger Haus

Dieses Gebäude in der Norderstraße 8 wird auch Eckener-Haus (Bild links) genannt. Die spätbarocke Fassade wurde um 1750 gestaltet und enthält viele sehenswerte Details. Das Haus war das Elternhaus der Brüder Eckener (→*Persönlichkeiten*). Es ist schon auf einer Stadtansicht von 1789 vorhanden.

Die Alte Post

An der Ecke Rathausstraße und Norderhofenden gelegen, ist die 1880 erbaute Alte Post innen und außen ein imponierendes Beispiel für den Baustil der Neorenaissance. 1988 wurde hier der Postbetrieb eingestellt. Nach wechselnden Nutzungen und Leerstand ist die Alte Post heute ein Hotel gleichen Namens.

Das Gerichtsgebäude

Hoch oben am Südergraben erhebt sich das imponierende Gebäude des 1882 eingeweihten Landgerichts. Es symbolisierte die neuen Machtverhältnisse nach 1867. Es war architektonischer Ausdruck der neuen preußischen Macht und ist wohl nicht zu Unrecht als Flensburger Einschüchte-

Nach wechselnden Nutzungen ist die „Alte Post" heute ein Hotel

rungsarchitektur der neuen Herren bezeichnet worden.

Im Inneren sind u .a. bemerkenswert: das Treppenhaus im Stil des Historismus, der Schwurgerichtssaal mit dem Gemälde „Die Versuchung Christi" von Lorenz Frølich (dän. Maler, 1820 bis 1908), der auch einen anderen Gerichtssaal mit einem 14 m² großen Gemälde ausgeschmückt hat, das

Hoch oben am Südergraben erhebt sich das imponierende Gebäude des Landgerichts

seine eigene interessante Geschichte aufweist.

Das Logenhaus

Am Nordergraben gelegen, erreicht man das Logenhaus von der katholischen Kirche aus über eine der vielen für Flensburg so typischen →*Treppen*, vorbei an der prächtigen Villa des Dänischen Generalkonsulats. Das Logenhaus wurde 1903 im neoklassizistischen Stil errichtet und beherbergt die Freimaurer-Loge „Wilhelm zur nordischen Treue".

Der Margarethenhof

Der Adelssitz in der Johannisstraße 78 – später Seifensiederei, Zuckersiede-

rei (→*Rum*) u. v. a. – fügt sich citynah pittoresk in den Osthang ein. Zwischen historischen Wirtschaftsgebäuden gelang man in den eigentlichen Innenhof mit einer alten eingefassten Quelle (→*Quellen*).

Die Ölmühle

Um 1870 wurde die alte Ölmühle (An der Ölmühle) als Palmkernöl-

Logenhaus (oben), Margarethenhof (unten)

In einem ehemaligen Hotel der Gründerzeit befindet sich die Polizeidirektion

fabrik aus Egernsunder Ziegeln (→*Walzenmühle*) errichtet. 2008/2009 erfolgte die Sanierung und der Umbau der ehemaligen Ölmühle zur modernen gewerblichen Nutzung in zentraler Lage.

Das Polizeigebäude

An der Straße Norderhofenden 1, in unmittelbarer Nachbarschaft zur „Alten Post", befindet sich die Flensburger Polizeidirektion in einem prächtigen ehemaligen Hotel der Gründerzeit. 1920 residierte hier die „Commission Internationale Slesvig“, die aufgrund des Vertrags von Versailles die Abstimmungen über die Grenzziehung zwischen Deutschland und Dänemark überwachte. 1945 zog hier für einige Jahre die britische Militärkommandantur ein.

Das alte Schützenhaus

In der Stuhrs Allee 22 liegt das alte Schützenhaus von 1725 mit Monogramm dänischer Könige. Das stilvoll restaurierte und erweiterte Gebäude beherbergt seit 1971 die dänische Schul- und Kindergartenverwaltung.

In der Stuhrs Allee liegt das restaurierte und erweiterte alte Schützenhaus

Hans-Christiansen-Haus

Museen

Auf dem **Museumsberg** befinden sich die beiden städtischen Museen, das Heinrich-Sauermann-Haus (Naturkunde, Lokal- und Regionalgeschichte) und das Hans-Christiansen-Haus (Kunst) mit einem sehenswerten Konzertsaal.

Blick auf das Heinrich-Sauermann-Haus (links) auf dem Museumsberg

Das erstgenannte enthält im Erdgeschoss ein Naturkundemuseum. In den oberen beiden Etagen mit 25 Ausstellungsräumen befinden sich Exponate von der Gotik bis zum Biedermeier – mit einem Bezug zur Stadt

und zur Region. Das Hans-Christiansen-Haus in unmittelbarer Nachbarschaft ist ein ehemaliges Schulgebäude im neugotischen Stil (1896) mit einer sehenswerten Aula, die als kleiner Konzertsaal genutzt wird. In diesem Museum befindet sich eine Möbelsammlung (Heinrich Sauermann). Der größte Teil des Museums ist der Malerei vom Klassizismus bis zur Moderne gewidmet. Schwerpunkte sind der Jugendstil und der Expressionismus.

Das erdgeschichtliche Museum, das sog. **Eiszeithaus**, liegt im benachbarten Christiansen-Park (→*Parks*).

An der Straße Schiffbrücke, der Hafenfront, ist aus einem alten Zollpackhaus noch aus dänischer Zeit das

Auf dem Museumsberg steht das Standbild „Gerettet" von Adolf Brütt. Es zeigt einen Fischer, der ein Mädchen aus dem Wasser gerettet hat.

Aus dem alten Zollpackhaus (rechts) ist das Schifffahrts- und Rum-Museum entstanden.

Schiffahrtsmuseum

Schifffahrts- und Rum-Museum entstanden. Die Jahrhunderte lange Schifffahrtstradition und der Handel mit den dänischen Kolonien in der Karibik werden hier deutlich. Eine große Abteilung ist der →*Rum*-Produktion gewidmet, in der Flensburg lange führend war. Den Museumsshop (mit Café) ziert ein Hafen-Stadt-Panorama von Christoph Wiegand.

Etwas weiter nach Norden am Wasser liegt die kleine **Museumswerft**, in der nach historischen Bauplänen Schiffe restauriert oder neu gebaut werden. Meist liegt eine ganze Reihe von historischen Schiffen hier vertäut. Offene Werkstätten und ein Café laden zum Verweilen ein.

In der Museumswerft werden historische Schiffe restauriert oder gebaut. Der historische Kran von 1726 wurde restauriert und dient dem Einsetzen von Masten und Spieren

Nur wenige Schritte davon entfernt, am →*Nordertor*, liegt die →*Phänomenta,* das interaktive Science-Center. Unbedingt sehenswert ist darüber hinaus die →*Marineschule Mürwik*.

Das **Yachting Heritage Center** (rechts) unterstreicht die hervorragende Rolle, die Flensburg mittlerweile im Bau, in der Dokumentation und Präsentation klassischer Segeljachten auf der internationalen Bühne spielt.

Das Center, gesponsert von einer namhaften Flensburger Firma, wurde im Oktober 2016 eingeweiht. Es gilt als „Mekka der Jachtsportgeschichte". Die 1200 m^2 großen, modern gestalteten Ausstellungsräume verfügen daneben über eine Fachbibliothek mit über 8000 Bänden. Glanzstück ist die von 2007 bis 2009 restaurierte legendäre Regattajacht „Sphinx" aus dem Jahr 1938.

Mühlen

Die älteste der beiden noch erhaltenen Windmühlen ist die 1792 errichtete Bergmühle an der Bauer Landstraße im Norden der Stadt. Bis 1956 war diese Galerie-Holländermühle noch in Betrieb. 1981 erwarb ein privater Verein die Mühle, sorgte für die Restaurierung und veranstaltet heute Besichtungen, Nachbarschaftsfeste und kleine Konzerte.

Die ganz ähnlich konstruierte Johannismühle entstand 1808 und liegt an der Kappelner Straße. 1939 stellte die Mühle den Betrieb ein. Sie wurde 1971 unter Denkmalschutz gestellt und befindet sich im Eigentum der Stadt. Nach häufigem Besitzerwechsel verfällt sie zusehends.

Die Bergmühle in der Bauer Landstraße wurde 1792 errichtet

Neptunbrunnen

Der 1758 angelegte Neptunbrunnen auf dem Nordermarkt markiert den nördlichen Abschluss der Fußgängerzone. Natürliches Quellwasser (→*Quellen*) speist ihn. Neptun thront über dem Wasserbecken, dessen steinerne Umrandung u. a. das Stadtwappen, das dänische Reichswappen, Wappen dänischer Könige sowie Rokoko-Ornamentik zeigen. Es ist Tradition, dass die frischgebackenen Abiturienten („studenter") der dänischen Duborg-Skolen (→*Schulen*) um den Brunnen herum ausgelassen und feucht-fröhlich feiern.

Nordertor

Das Nordertor wurde von 1594 bis 1596 errichtet und ist das einzige erhaltene Stadttor, das als Wahrzeichen vielfach – auch bisher 66 Mio. Mal als Briefmarke – abgebildet wurde. Den Backsteinbau mit dem charakteristischen Treppengiebel zieren u. a. ein dänisches Königs- und ein Stadtwappen.

Der Wahlspruch des dänischen Königs Christian IV. (1577–1648) lautet: REGNA FIRMAT PIETAS (Frömmigkeit festigt das Land/ den Staat). Das Flensburger Stadtwappen trägt die 1767 angebrachte Aufschrift: FRIEDE ERNÄHRT UNFRIEDE VERZEHRT und hat die ursprüngliche, plattdeutsche Inschrift ersetzt.

Das Königswappen und das Flensburger Stadtwappen

Parks

Der **Carlisle-Park** liegt am Bahnhof, benannt nach der Partnerstadt Carlisle. – Vom →*Alten Friedhof* kommend, überquert man die Stuhrs Allee und gelangt in den **Christiansen-Park** mit schönem Baumbestand. Hier befindet sich das Eiszeithaus, ein erdgeschichtliches Museum.

Außer dem **Alten Friedhof** haben der **Mühlenfriedhof** an der Mühlenstraße, der **Friedhof am Friedenshügel** und der **Friedhof an der Adelbyer Kirche** (→*Kirchen*) parkähnlichen Charakter.

Im neugotischen Stallgebäude ist heute das Eiszeithaus untergebracht.

Der erst seit ca. 30 Jahren existierende **Johannis-Park** (vorher Gärtnerei und private Gärten) erstreckt sich am Hang oberhalb des Johannis-Viertels, unterhalb der Goethe-Schule. Nur wenige Schritte von der Innenstadt gelegen, hat man den besten Zugang über die Große St.-Jürgen-Treppe (→*Treppen*).

Das **Lautrupsbach-Tal** erstreckt sich vom Ostufer zwischen der Nordstraße und der Straße Am Lautrupsbach in östliche Richtung. Bemerkenswert ist die gelungene Renaturierung des Bachverlaufs. An der Straße Am Ostseebad am nördlichen Stadtrand liegen ein Park, ein Strandbad mit großem Spielplatz und in nördlicher Richtung ein Küstenwanderweg. – Das Strandbad Solitüde („Einsamkeit") mit einem angrenzenden Waldgelände befindet sich in nordöstlicher Richtung der Stadt. – Der Hauptzugang zum schönen, aber nicht sehr großen **Stadtpark** liegt gegenüber vom Alten Gymnasium (→*Schulen*); ihn ziert seit 1903 ein Wrangel-Denkmal zur Erinnerung an Karl von Wrangel (1812–1899), Ehrenbürger der Stadt, Kriegsheld im Ersten Schleswigschen Krieg 1848–1851.

In einer Felsengrotte im Christiansen-Park ist ein Mumiensarkophag zu sehen.

Im Stadtpark steht die Statue des Ehrenbürgers der Stadt Karl von Wrangel.

Die benachbarte Wrangelstraße ist Teil eines schönen Villenviertels (Stuhrs Allee, Moltkestraße, Roonstraße, Marienhölzungsweg). – Der hoch gelegene **Volkspark** im östlichen Stadtteil Mürwik ist eine weitläufige Grünanlage mit Spazierwegen, Schrebergärten (die z. T. neuerer Bebauung geopfert wurden), Spielplätzen und dem wichtigen Wasserturm (→*Wassertürme*), den man besteigen kann und von dem aus man einen wunderbaren Rundblick hat. Am nördlichen Rand des Parks befinden sich das Stadion sowie weitere Sportplätze (u. a. Hockey und Tennis) und die Jugendherberge.

Vom alten Mürwiker Park wurde der Stein mit der Inschrift „Johann Cornelius 1641" in den neuen Volkspark versetzt.

Persönlichkeiten

Emmy Ball-Hennings (1885–1948), Schauspielerin, Kabarettistin, Dichterin und Schriftstellerin. Nach wechselvollen, unsteten Jahren lernte sie 1914 Hugo Ball kennen, mit dem sie in die Schweiz emigrierte und den sie 1920 heiratete. Hugo Ball gilt als die Frontfigur des Dadaismus und Emmy als dessen Muse. Es gab Kontakte mit Hermann Hesse, Max Ernst, Alfred Kubin, Oskar Kokoschka und Paul Klee (Gedenktafel Steinstraße 5).

Hans Christiansen (1866–1945), Kunsthandwerker und Maler des Jugendstils. Er wirkte in Hamburg, Antwerpen, Paris und Wiesbaden. Viele seiner Werke und sein Nachlass befinden sich im nach ihm benannten Museum auf dem Museumsberg.

Renate Delfs (*1925), Schauspielerin an der Niederdeutschen Bühne in Flensburg, tritt seit den 1970er-Jahren in zahlreichen Fernsehserien und Spielfilmen auf. Sie setzt sich für den Erhalt der plattdeutschen Sprache ein. In Auftritten und Büchern bewahrt sie das speziell Flensburger → *Petuh*. Renate Delfs ist die Mutter des Dirigenten Andreas Delfs.

Alexander Eckener (1870–1944), jüngerer Bruder von Hugo E., Maler und Graphiker. Er studierte an der Akademie für Bildende Künste in München, war Professor in Stuttgart und schloss sich nach der Jahrhundertwende der Künstlerkolonie Ekensund (dän.: Egernsund) auf der heute dänischen Nordseite der Flensburger Förde an.

Hugo Eckener (1868–1954), älterer Bruder von Alexander E., bekannt als Luftfahrtpionier und Nachfolger von Ferdinand Graf Zeppelin. Ihm wurde eine Mitschuld am Unglück der „Hindenburg" 1937 zur Last gelegt. Das nach ihm benannte denkmalgeschützte Eckener-Haus (17.–18. Jahrhundert) in der Norderstraße 8, auch Alt-Flensburger-Haus genannt (→*Markante Gebäude*), war für ihn und seinen Bruder Alexander das Elternhaus (Gedenk- und Infotafel).

Dieter Thomas Heck (* 1937), Schlagersänger und populärer Fernsehmoderator, vor allem von 1969 bis 1984 in der quotenstarken „ZDF-Hitparade". Er ist bekannt für sein hohes Sprechtempo.

Matthias Janz (* 1947), Studium der Theologie und Musikwissenschaften, von 1975 bis 2012 Kantor und Organist an der Marienkirche (→*Kirchen*). Er leitet den international renommierten Flensburger Bach-Chor und ist gleichzeitig Dozent an der Musikhochschule Lübeck.

Käte Lassen (1880–1956), bedeutende Malerin, die viele Werke in ihrer Geburtsstadt hinterlassen hat. Sie schuf u. a. die Wandgemälde in der Heilandskapelle (→*Kirchen*), das monumentale Wandgemälde im Alten Gymnasium (→*Schulen*) und die Glasfenster in der Marienkirche (→*Kirchen*). Auch im städtischen Museum ist sie stark vertreten. Eine bedeutende Flensburger Stadtansicht von Ihr hängt in der Eingangshalle der Akademie Sankelmark (→*Ziele in der Umgebung*).

Karl Otto Meyer (1928–2016), Politiker der dänischen Minderheit (SSW = Südschleswigscher Wählerverband). K. O. Meyer legte 1949 ein dänisches Lehrerexamen ab. Von 1950 bis 1963 war er Leiter der dänischen Schule in Schafflund bei Flensburg. Zwischenzeitlich hatte er sich öffentlich gegen die (west-)deutsche Wiederbewaffnung ausgesprochen, was ihm 1952 ein Berufsverbot einbrachte, gegen das er sich jedoch mit Erfolg gerichtlich wehrte. Von 1963 bis 1983 war er Chefredakteur von Flensborg Avis (→*Zeitungen*) und von 1971 bis 1996 Mitglied des Schleswig-Holsteinischen Landtages. Meyer war bekannt für seine Gradlinigkeit (z. B. in der Barschel-Affäre 1987–88). Noch 2013 argumentierte er für eine Verschiebung der deutsch-dänischen Grenze bis zur Eider, stand damit aber in der dänischen Minderheit weitgehend allein. Sein Sohn Flemming (* 1951) ist Landtagsabgeordneter und Vorsitzender des SSW.

Lütke Namens (1498–1574), Franziskanermönch und Gegner der Reformation. Der weit gereiste und hochgebildete Namens gründete 1566 eine Schule, die sich später zu einer lutherischen Lateinschule entwickelte und der Vorläufer des Alten Gymnasiums (→*Schulen*) ist. Namens blieb zeitlebens seinem katholischen Glauben treu.

Dorothea Röschmann (* 1967), gefeierte Opernsängerin (Sopran), aus dem Flensburger Bach-Chor hervorgegangen, im Laufe der Jahre tätig in London, Salzburg, Wien, München, Amsterdam und Berlin.

Heinrich Sauermann (1842–1904), Möbeltischler und Bildschnitzer, Gründer und erster Direktor des Flensburger Museums, des heutigen Heinrich-Sauermann-Hauses auf dem Museumsberg. Er gründete und leitete die Kunstgewerbeschule, deren bekanntester Schüler Emil Nolde war.

Beate Uhse (1919–2001). Die aus Ostpreußen stammende Beate Uhse-Rotermund war als junge Frau Testpilotin der Luftwaffe und Kunstfliegerin. Sie machte Flug-Stunts u. a. für Hans Albers und René Deltgen. Ab 1945 begann sie mit dem Vertrieb von Artikeln zur „Ehehygiene". 1951 gründete sie in Flensburg ihr erstes Versandhaus, den Vorgänger späterer Sex-Shops und Versandhäuser. Unzählige Male wurde Anzeige gegen sie wegen „Förderung der Unzucht" erstattet, was aber immer mit Freisprüchen endete. 1999 ernannte die Stadt Flensburg sie zur Ehrenbürgerin; einige Jahrzehnte zuvor hatte man ihr noch die Aufnahme in den (damals) vornehmen Flensburger Tennisclub (am Marienhölzungsweg) aufgrund moralischer Bedenken verweigert. Eine Enkelin leitet heute das Erotik-Kaufhaus Orion am westlichen Stadtrand.

Petuh

Petuh ist die Bezeichnung für eine für Flensburg spezifische Sprachvariante vornehmlich aus Deutsch und Dänisch, wie sie bis vor einigen Jahrzehnten noch u. a. von den „Petuhtanten" gesprochen wurde. Diese lösten bereits vor mehr als hundert Jahren „Partout"-Fahrkarten, also Dauerkarten, für die Förde-Schiffahrt, woraus sich Petuh ableitete. Mit dem Ende der populären Butterfahrten auf der Förde Anfang der 1990er-Jahre verschwand Petuh vollständig. Die Schauspielerin Renate Delfs (→*Persönlichkeiten*) ist ihre letzte Sprecherin; sie hat Petuh auch in Büchern festgehalten. Zwei Beispiele für Petuh:

Petuh: Das ist ja Sünde (mit scharfem S ausgesprochen).
Es ist schwer und finden ein Parkplatz.
Deutsch: Das ist ja schade, das tut mir leid (für ihn).
Es ist schwer, einen Parkplatz zu finden.
Dänisch: Det er jo synd.
Det er svært at finde en parkeringsplads.

Phänomenta

Die Phänomenta am Ende der Norderstraße und in Nachbarschaft zum Nordertor ist ein interaktives Physik-Science-Center.
Hier wird experimentiert, angefasst, entdeckt, gestaunt und gelernt. Die Anfänge gehen zurück auf das Jahr 1985. Seit 1993 befindet sich das Center in eigenen Räumen, deren Ausstellungsfläche inzwischen auf ca. 3500 m² angewachsen ist. Der Begriff „Phänomenta" ist eine Wortschöpfung, die sich aus dem griechischen Phänomen (= Erscheinung) und aus einer Anlehnung an die Kasseler Dokumenta ableitet.

Quellen

An den Steilhängen im Westen und Osten der Stadt treten zahlreiche Quellen aus, von denen die meisten

allerdings verrohrt sind. An einigen Stellen hört man sie aber noch glucksen, z. B. in der Pilkentafel, in der Johannisstraße 34, 42, 44 oder 62 und hübsch eingefasst und zugänglich am Margarethenhof, Johannisstraße 78. Der Flensburger Künstler Uwe Appold

Links: Maskenbrunnen
Oben: Brunnen in der St.-Jürgen-Straße
Rechts: Brunnen im Margarethenhof

(*1942) hat die Quelle vor dem Haus St. Jürgenstraße 48 eindrucksvoll gestaltet. Eine weitere dieser natürlichen Quellen speist den →*Neptunbrunnen* auf dem Nordermarkt; sehenswert ist besonders auch die Quelle als Teil eines historischen Hof-Ensembles in der Norderstraße 49–51. Eine andere Quelle, der sogenannte „Maskenbrunnen", tritt am Fuß des Museumsberges (am westlichen Ende der Rathausstraße) zutage, und auch an der Holmnixe sprudelt eine natürliche Quelle.

Die Trinkwasserversorgung von höchster Qualität (→*Bier*) erfolgt durch die Stadtwerke aus insgesamt 15 Brunnen – die meisten am Ostseebad im Norden der Stadt –, die täglich 15.000 m³ aus fossilen Schichten in 100 bis 240 m Tiefe fördern (→*Wassertürme*).

Rathaus

Das von 1962 bis 1964 erbaute Rathaus strahlt den ganzen „Beton-Charme" jener Jahre aus. Bereits nach 30 Jahren war es reparaturbedürftig. Gegen Ende der 1990er-Jahre erhielt das Rathaus mit seinen 13 überirdischen Etagen eine recht gelungene Bauhaus-artige Gestalt. Es ist – mit einigen Nebenstellen – der Arbeitsplatz von mehr als 1300 Mitarbeitern – bei ca. 88.000 Einwohnern. Das frühere Rathaus lag an der Rathausstraße und wurde 1883 abgebrochen. Ab 1882 benutzte man den repräsentativen Regierungshof am Holm, in dem in den 1850/60er-Jahren – noch in der dänischen Zeit – die schleswig-holsteinischen Ständeversammlungen abgehalten worden waren. 1960 kaufte der Kaufhauskonzern Hertie der Stadt den Regierungshof und die umliegenden Grundstücke/Gebäude für 3 Mio. DM ab, um alles abzureißen und einen Kaufhauskubus (heute Karstadt) zu errichten. – Von den obersten Etagen des heutigen Rathauses hat man einen wunderbaren Blick über die Stadt, den Hafen bis hin zur Werft und zur dänischen Küste. In der fensterlosen (!) Bürgerhalle befindet sich ein großes Stadtmodell im Maßstab 1:500 sowie ein Stadt-/Hafenpanorama von Christoph Wiegand. Unter dem Parkdeck liegt ein riesiger, heute nicht mehr voll funktionsfähiger Atombunker, der einmal für 2000 Menschen konzipiert worden war.

Am Rathaus steht der ehemalige Koppelstein von Peter Lorenzen. Er markierte die Parzelle 158 des Stadtfeldes von St. Marien und stammt aus dem Jahr 1772.

Rote Straße

Ursprünglich war die Rote Straße vom →*Südermarkt* aus das Ausfalltor der Stadt nach Süden, versehen mit einem Stadttor, dem Roten Tor, das 1872 abgerissen wurde. Heute wird das verschwundene Rote Tor noch im Logo der örtlichen Interessengemeinschaft verwendet. Der Name, eine Verball-

Blick in das Braasch Rum Manufaktur Museum

Der beschauliche Blumenhof in der Roten Straße lädt zum Verweilen ein

hornung, leitet sich vom südlich gelegenen Stadtteil Rude ab, was so viel wie „roden" oder „Rodung" bedeutet. Die Verlagerung des Verkehrs bedeutete letztlich die Rettung der Straße, die mit ihren Höfen, Gaststätten, Kunstgalerien und kleinen Spezialgeschäften eine Attraktion für Touristen und Einheimische darstellt. Im Zuge der Stadtsanierung wurde die Rote Straße zur Fußgängerzone und damit die Verlängerung der Straßenzüge Große Straße – Holm – Südermarkt. Die malerischen Höfe sind meist nur durch kleine Einfahrten erreichbar, die man leicht übersehen kann. Vom führenden Wein- und Rumhaus über eine alternative Kafferösterei bis zum Suppenrestaurant und einem Fachgeschäft für Silber findet sich hier eine lebendige Vielfalt. Der 2008 verstorbene Galerist und Kunsthändler Günter Kruse gab den Anstoß zur Rettung der Roten Straße. Er ist der Namensgeber eines dieser Höfe, des Kruse-Hofes in Nr. 24.

Rum

Mit dem Namen Flensburgs verbindet sich die Rum-Produktion der Stadt. Basis dafür war der Westindien-Handel mit den dänischen Kolonien der Karibik seit Mitte des 18. Jahrhunderts. Die Inselgruppe, bestehend aus St. Croix, St. Thomas und St. John, wurde übrigens 1917 an die USA verkauft. Aus Rohrzucker-Rohprodukten wurde Rum destilliert, meist Rum-Verschnitt. Dabei handelt es sich um eine Mischung aus Original-Rum, Wasser und neutralem Alkohol. Der Anteil an Original-Rum muss mindestens fünf Prozent betragen. Der Alkoholgehalt darf nicht unter 37,5 Prozent liegen.

Die dunkle Farbe erhält der Rum durch die lange Reifung in Eichenfässern, ähnlich wie bei Whisky und Cognac. Beim Reifungsprozess färbt sich der farblose Rum zunächst gelblich und anschließend braun. Bei weißem Rum ist es möglich, dass er in Stahlfässern gelagert wurde und deshalb farblos geblieben ist.

Das Rumhaus Johannsen in der Marienstraße 6 ist das älteste der Stadt. In der „Marienburg“ werden auch Führungen und Verkostungen durchgeführt.

Die zweite absolut lohnende Rum-Adresse ist das Rumhaus Braasch in der →*Roten Straße* 26–28, und ein unbedingtes „Muss“ ist ein Besuch im Rum- und Schifffahrtsmuseum an der Schiffbrücke.

A. H. Johannsen
Hökerei
JOHANNS

Schulen

Für eine Stadt von knapp 90.000 Einwohnern weist Flensburg eine für Deutschland einmalige Schulvielfalt auf. Drei der traditionellen Gymnasien befinden sich in sehenswerten Gebäuden, zunächst die **Auguste-Viktoria-Schule** am Südergraben im Stil des sog. „Heimatschutzes" (→*Burghof*) vom Beginn des 20. Jahrhunderts. Ebenso das markant das Stadtbild von Osten beherrschende Schulgebäude der **Goethe-Schule** von 1919 mit seiner grünen Kuppel. Das aus einer alten Lateinschule hervorgegangene **Alte Gymnasium** (Selckstraße 1) mit seinem charakteristischen Turm wurde 1914 fertiggestellt. In der alten Aula ziert ein 1922 entstandenes, 60 m² großes Gemälde „Petri Fischzug" von Käte Lassen die Stirnwand. Das Alte Gymnasium ist eine der letzten Schulen, in der die Möglichkeit besteht, in der 5. Klasse Latein als erste Fremdsprache zu wählen. An Privatschulen sind die **Waldorfschule** (Valentiner-Allee) und die seit 2006 existierende **Ostseeschule** (Klosterholzweg) zu nennen. Die einmalige Besonderheit ist jedoch das voll ausgebaute dänische Schulwesen der Stadt. Flaggschiff ist die **Duborg-Skolen** im Stadtteil Duburg, eine Gemeinschaftsschule mit gymnasialer

Oberstufe, an der man ein deutsch-dänisches Abitur ablegen kann. Außer im Fach Deutsch, das auf muttersprachlichem Niveau unterrichtet wird, und außer in den modernen Fremdsprachen ist die Unterrichtssprache ausschließlich Dänisch. Das ältere Gebäude wurde 1923 errichtet, der Erweiterungsbau kam 1980 hinzu. Die alte Aula ziert ein historisierendes Wandgemälde.

Zur Entlastung der Duborg-Skolen wurde 2008 die A. P. Møller Skolen in Schleswig errichtet, ein Geschenk des Reeders Mærsk McKinney Møller an die dänische Minderheit im Wert von 60 Mio. Euro. Bei einem Ausflug nach Schleswig sollte man sich diese Perle moderner Architektur nicht entgehen lassen.

Duborg-Skolen

Sonwik

Wo der Flensburger Hafen sich zur Binnenförde öffnet, liegt auf der Ostseite der neue Stadtteil Sonwik, was „Sonnenbucht" bedeutet – ein nicht zu Unrecht gewählter Name, da hier die schönsten Sonnenuntergänge zu beobachten sind. Auf einem ehemaligen Militärgelände, einer früheren Torpedo-Station der Marine in neogotischer Backsteinarchitektur, ist hier ein moderner Stadtteil entstanden. Baubeginn war das Jahr 2002, die ersten Wohnungen konnten 2003 bezogen werden. An Land wurden zahlreiche, denkmalgeschützte Gebäude in attraktive Wohnungen, Bü-

ros, Werkstätten und Restaurants umgebaut, ergänzt durch interessante Neubauten, darunter die mehrgeschossigen „Lee & Luv"-Gebäude.
Eine wunderschöne Promenade von Sonwik bis zur Hafenspitze in der Innenstadt gibt den Blick frei nach Dänemark auf den Kollunder Wald, auf die Werft, die Stadtwerke, die westliche Skyline und die Flensburger Altstadt und ist für einen Ausflug zu Fuß oder mit dem Fahrrad ideal geeignet. Das Besondere dieses Konversions-Projektes befindet sich allerdings auf der Wasserseite: neben einer Marina mit ca. 370 Liegeplätzen liegen hier etliche Wasserhäuser – mit Rundumblick.

Sport

Handball: Die SG (= Spielgemeinschaft) Flensburg-Handewitt ist das Ergebnis von Vereinsfusionen 1990 und 1996. Seit fast 20 Jahren nimmt sie mit großer Beständigkeit einen Spitzenplatz im deutschen Handballsport ein. Die SG hat eine Vielzahl von deutschen und internationalen Pokalturnieren gewonnen, u. a. 2015 die Champions League. Drei Dinge charakterisieren diese Ausnahmemannschaft: 1. Ewiger Rivale um Spitzenplätze in der Bundesliga ist der benachbarte THW Kiel. 2. Etwa 30 bis 50 Prozent der Spieler kommen aus Dänemark, sodass die SG auch nördlich der Grenze enorm populär ist. 3. Die heimische Spielstätte, die Flens-Arena, bezeichnet man wegen ihres begeisterten, ja fanatischen Publikums als „Hölle Nord".

Fußball: 1973 erfolgte die Fusion der Arbeitersportvereine (u. a. Vorwärts, Freie Turnerschaften und Spielmannszüge) mit dem Flensburger Turnerbund zum TSB Flensburg. Neben dem Traditionsverein Flensburg 08 hat sich der aufstrebende ETSV (Eisenbahner Turn- und Sportverein) aus dem Stadtteil Weiche im Fußball sportlich bemerkbar gemacht und spielt gegenwärtig in der Regionalliga Nord. Über eine Fusion mit Flensburg 08 wird derzeit nachgedacht.

Synchronschwimmen: Diese Sportabteilung des TSB hat zahlreiche deutsche Meisterschaften (Damen) und internationale Erfolge aufzuweisen.

Segeln: Die Flensburger Förde gilt bei vielen als das schönste Segelrevier Deutschlands. Der Flensburger Segelclub – ein Segelverein unter vielen – liegt am Stadtrand, schon auf Glücksburger Gebiet. Hier liegt auch die 1925 gegründete berühmte Hanseatische Yachtschule (→*Events*).

Dänische Vereine: Alle gängigen Sportarten kann man auch in dänischen Vereinen der Stadt betreiben: IF (= Idrætsforeningen) Stjernen, DGF (= Dansk Gymnastikforning Flensborg) mit Schwerpunkt Fußball, Gymnastikforeningen DAN, Dansk Håndbold Klub, Flensborg Roklub (Rudern), Flensborg Yacht Club u. a. m.

1438
NIKOLAI + APOTHEKE
CAFÉ
LOUNGE

Südermarkt

Der Südermarkt ist der wichtigste öffentliche Platz der Stadt. An seiner Südwest-Ecke steht der älteste Profanbau von 1490, in dem sich heute eine Apotheke befindet. Um 1390 war mit dem Bau der Nikolai-Kirche (→*Kirchen*) begonnen worden. Heute ist mittwochs und sonnabends Wochenmarkt, und bis zur →*Roten Straße*, zum Holm und der Südermarkt-Galerie sind es nur wenige Schritte. Hier haben die Bundeskanzler von Kohl bis Merkel gesprochen, und hier hat die SG Flensburg-Handewitt 2014 ihren Sieg in der Champions League gefeiert.

Ältester Profanbau (ganz links) in Flensburg, das Haus wurde um 1490 errichtet. Jeden Mittwoch und Sonnabend findet auf dem Südermarkt der Wochenmarkt statt.

Treppen

Die Süd-Nord-Tallage Flensburgs macht die vielen Ost-West-Treppen zu einem idealen Ausgangspunkt, die Stadt zu Fuß zu erkunden. Die **Große St.-Jürgen-Treppe** (unten) führt aus dem Zentrum hinauf in den Stadtteil Jürgensby. Sie hat 132 Stufen und überwindet bis zur Aussichtsplattform einen bedeutenden Höhenunterschied. Die Treppe ist häufig ein Teil der Wegstrecke bei städtischen Laufwettbewerben. Von hier oben hat

man den besten Blick auf den inneren Hafen und die Altstadt mit ihren Kirchen sowie mit markanten Gebäuden am Rand der westlichen Höhe und des Stadtteils Duburg: links das Gerichtsgebäude, dann der Museumsberg, das Logenhaus, das Alte Gymnasium mit seinem kleinen Turm, der Schlosswall und – am weitesten nach Norden – das alte und das neue Gebäude der dänischen Duborg-Skolen. Links und rechts der Großen St. Jürgen-Treppe ist seit den 1990er-Jahren eine besonders schöne Grünzone in Hanglage entstanden. Für den Abstieg kann man die 99 Stufen der **Kleinen St.-Jürgen-Treppe** wählen. Zu erwähnen ist noch die **Marientreppe** (rechts), die bei der Norderstraße 59 hinauf zum Schlosswall führt – mit einer wunderbaren Aussichts-Plattform unterhalb des dänischen Gymnasiums. Und schließlich seien noch der **Böckmannsgang** und der **Christiansengang** erwähnt, die vom Nordergraben aus (etwa gegenüber der Katholischen Kirche) den Hang nach Westen zum Museum und zum →*Alten Friedhof* mit dem →*Idstedt-Löwen* und der Bundsen-Kapelle hinaufführen

Theater

Das heutige Theatergebäude, um 1890 im nachempfundenen Stil der italienischen Renaissance errichtet, befindet sich in der Rathaustraße, wo allerdings nicht das heutige Rathaus liegt. Das 1974 mit dem Landessinfonieorchester fusionierte Landestheater bespielt mit seinen Gastspielen u.a. Schleswig, Rendsburg, Heide, Husum und Niebüll. Es präsentiert Schauspiel, Musical, Oper, Ballet sowie Sinfonie- und Kammerkonzerte. Darüber hinaus verfügt Flensburg über die Niederdeutsche Bühne mit eigenem Theater in der Augustastraße 3. Schließlich gibt es auch ein kleines dänisches Theater, Det lille Teater, im Hjemmet in der Marienstraße 20.

Oben: Niederdeutsche Bühne; Det lille Teater
Rechts: Theater in der Rathausstraße

Walzenmühle

In der Neustadt 16, in unmittelbarer Nachbarschaft zum →*Nordertor*, steht ein herausragendes Beispiel für die Verbindung eines alten Industriekomplexes mit moderner Architektur: ein sehenswertes Konversionsobjekt. Die Walzenmühle wurde um 1890 aus den charakterischen gelben Egernsunder Ziegeln errichtet, die aus den Ziegeleien auf der dänischen Seite der Flensburger Förde stammen und die als Ballast und Baumaterial mit den Rum-Schiffen (→*Rum*) bis etwa 1860 von Flensburg nach Dänisch-Westindien transportiert wurden. Neben der Walzenmühle befindet sich die repräsentative ehemalige Direktorenvilla. 1972 wurde der Mühlenbetrieb eingestellt, und 2005 baute man die Walzenmühle zu einem Dienstleistungszentrum um. Heute befinden sich hier u. a. Penthouse-Wohnungen, eine Sparkasse, ein Restaurant, ein Weinhändler sowie Räumlichkeiten für Konzerte, Vorträge und Weihnachtsmärkte.

Die Walzenmühle: ein alter Industriekomplex mit moderner Architektur

Wassertürme

Weithin sichtbar ist der 1961/62 erbaute markante Wasserturm im Volkspark (→*Parks*), dessen Wasserspiegel sich in 77 m über NN befindet. Zwischen April und Oktober ist die Besucherplattform geöffnet und bietet in 26 m Höhe über dem Eingang einen fantastischen Rundblick. Der ältere der beiden Flensburger Wassertürme wurde um 1900 in der Mühlenstraße (westliche Höhe) errichtet – ein gut erhaltener Zweckbau.

Der ältere Turm steht in der Mühlenstraße.
Wasserturm in Mürwik

Werft

Die 1872 gegründete Flensburger Schiffbau-Gesellschaft (FSG) baute zunächst Vollschiffe aus Stahl und z. T. Schwimmdocks. Um 1900 hatte die FSG rund 2000 Beschäftigte. Die Krisen der 1920er-Jahre führten zur vorübergehenden Schließung des Betriebs von 1930 bis 1934. Während des Zweiten Weltkriegs liefen 28 U-Boote vom Stapel. In neuerer Zeit hat sich die Werft auf die gut 140 m langen RoRo-Schiffe (Roll-on-Roll-off-Schiffe), ein international erfolgreichen Frachtschifftyp, spezialisiert. Herzstück ist die 1982 errichtete, 275 m lange und weithin sichtbare Schiffbauhalle auf der Westseite am nördlichen Hafenrand (→*Markante Gebäude*). Die FSG ist der Arbeitsplatz für rund 600 Menschen.

Flensburger Schiffbau-Gesellschaft
F
SG

Zeitungen

1865, nach der dänischen Niederlage 1864, wurden die „Flensburger Nachrichten" gegründet, die ab 1946 als „Flensburger Tageblatt" für Flensburg und weiteres Umland weitergeführt wurden. Die heutige Auflage des FT, das zur SHZ-Verlagsgruppe gehört, liegt bei knapp 29.000. Bemerkenswert ist das Erscheinen einer dänischen Tageszeitung in Flensburg, nämlich „Flensborg Avis" mit einer Auflage von gut 5000, von denen etwa 1800 Exemplare Abnehmer in Dänemark haben. Flensborg Avis ist teilweise zweisprachig deutsch-dänisch und das Sprachrohr und Diskussionsforum der →*Dänen*, und zwar nicht nur in Flensburg, sondern in ganz Südschleswig zwischen dem Nord-Ostsee-Kanal bzw. der Eider und der dänischen Grenze. Beide Zeitungen haben sinkende Abonnentenzahlen im Printbereich, die durch Internet-Abos nicht aufgewogen werden konnten. Noch bis in die 1970er- Jahre gab es durchaus Fehden zwischen dem FT und Flensborg Avis. Als z. B. unter Willy Brandt das Berufsverbot praktiziert wurde, kritisierte Flensborg Avis dies heftig, was dazu beitrug, dass der Begriff „Berufsverbot" als deutsches Fremdwort Eingang in den allgemeinen dänischen Wortschatz fand. Alle Haushalte erhalten wöchentlich die kostenlose „Wochenschau" (sonntags) und „MoinMoin" (mittwochs). Interessant ist auch das ebenfalls kostenlose „Flensburg Journal", das jeweils zum Monatsanfang erscheint und lesenswerte Beiträge enthält.

Ziele in der Umgebung

Am Stadtrand von Flensburg liegen einige lohnende Ausflugsziele. Da ist zunächst die **Marienhölzung** im Westen, mit einem Wildschweingehege, einem Waldspielplatz und einem Restaurant in einem historisch-klassizistischen Gebäude von 1825. Weiter nach Westen schließt sich das etwa 380 ha große **Stiftungsland Schäferhaus** an, ein ehemaliges militärisches Übungsgelände. Diese von Fuß- und Radwegen durchzogene Konversionsfläche wird extensiv beweidet oder ganz der Natur überlassen. Im Norden, an der Grenze zu Dänemark, verläuft das unter Naturschutz stehende eiszeitliche **Tunneltal** zwischen dem Grenzübergang Kupfermühle und dem Harrisleer Ortsteil Niehuus (Karlsbergweg). Der Strand im Norden der Stadt ist das **Ostseebad**. Weiter nach Norden schließt sich der Strand von **Wassersle-**

Im klassizistischen Stil wurde das Gebäude im Jahr 1825 am Stadtrand erbaut

Die kleine Brücke über den Grenzbach Krusau

ben an, und von hier aus kann man über eine kleine Brücke den Grenzbach Krusau überqueren (Grenzübergang Schusterkate) und befindet sich dann in Dänemark, im **Kollunder Wald**, der übrigens bis 2006 der Stadt Flensburg gehörte, die ihn in ihrer Finanznot an einen dänischen Privatmann verkaufte. Direkt an der dänischen Grenze befindet sich das **Industriedenkmal Kupfermühle** in dem von Arbeiterwohnungen aus dem 17. Jahrhundert geprägten Harrisleer Ortsteil gleichen Namens. Das dortige Museum zeigt eine sehenswerte Wasserturbine sowie eine Vielzahl von vor Ort gefertigten Gebrauchsgegenständen. Erst 1962 wurde die „Crusauer Kupfer- und Messingfabrik" geschlossen.

Nach Nordosten, in Richtung Glücksburg, befindet sich der **Badestrand Solitüde** an der Förde. Ein „Muss" für

Schloss Glücksburg

Sankelmarker See

Besucher ist natürlich die Besichtigung von **Schloss Glücksburg**, etwa 11 km nordöstlich von Flensburg. Hier befindet sich die **Glücksburger Strandmeile** (Kurstrand). In die Förde hinein ragt die Halbinsel **Holnis** mit dem besten Badestrand der Gegend sowie mit dem Ausflugslokal Holnisser Fährhaus.

Etwa 7 km südlich liegt der **Sankelmarker See** mit einem Rundwanderweg. An seinem Nordufer befindet sich die Akademie Sankelmark, eine der renommiertesten Bildungsstätten Schleswig-Holsteins. In der Eingangshalle hängt ein Stadtpanorama von Käte Lassen (→*Persönlichkeiten*). Nur wenige Schritte entfernt sieht man mehrere Denkmäler, die an die Schlacht bei Oeversee vom 6. Februar 1864 erinnern, bei der viele Österreicher und Dänen umkamen und noch mehr verwundet wurden. Jedes Jahr findet am 6. Februar der sog. „Oeversee-Marsch" statt zur Erinnerung an die spontane Verwundetenhilfe der Flensburger Bevölkerung. Dieser etwa 7 km lange Gedenkmarsch von Flensburg bis zu den Denkmälern am Sankelmarker See – an dem jeder teilnehmen kann – begann 1865 und war bis Ende in die 1990er-Jahre eine stramm deutschnationale Veranstaltung mit anti-dänischen Untertönen. Heute dagegen nehmen auch Vertreter der dänischen Minderheit sowie Gäste aus Dänemark teil. Die Zeichen stehen nicht länger auf Konfrontation (→*Idstedt-Löwe*; →*Dänen*).

Ein Ausflugsziel der besonderen Art ist das nur 9 km von Flensburg gelegene ehemalige Internierungs- und Gefangenenlager aus dem Zweiten Weltkrieg, das **Frøslev Lejr** in Padborg/Dänemark, das sehr gut erhalten ist. Hier waren von August 1944 bis Mai 1945 die dänische Polizei sowie dänische Widerstandskämpfer interniert. Von 1945 bis 1949 diente das nun in Faarhus Lejr umbenannte Lager als Gefangenenlager für dänische Kollaborateure sowie für mehrere Tausend Mitglieder der deutschen Minderheit im südlichen Dänemark, die der Zusammenarbeit mit der deutschen Besatzungsmacht bezichtigt wurden.

Das ehemalige Internierungs- und Gefangenenlager in Padborg/Dänemark

Zeittafel

1240	Erste urkundliche Erwähnung Flensburgs
1284	Verleihung der Stadtrechte
1388	Eine städtische Satzung ordnet an, dass die Häuser mit Ziegeln statt mit Stroh gedeckt sein müssen.
1409–1435	Es herrscht Krieg zwischen dem dänischen Königshaus und den Schauenburgischen Grafen um das Herzogtum Schleswig.
1411	Errichtung von Schloss Duburg
1412	Die dänische Königin Margarethe I. stirbt in Flensburg.
1435	Flensburg hat rund 3.000 Einwohner.
1443	Das alte Rathaus wird an der heutigen Rathausstraße gebaut.
1544	König Christian IV. richtet eine Münze ein.
1566	Gründung der Lateinschule am Klostergang, Vorläufer des heutigen „Alten Gymnasiums"
1595	Bau des Nordertors im Zuge der Stadterweiterung nach Norden
1600	Flensburg hat 6.000 Einwohner.
1602	Bau des Kompagnietors mit Stadtwaage
1626–1721	Kriege verwüsten die Stadt.
ab ca. 1750	Handel mit den dänischen Kolonien in der Karibik: Import von Rum, Export u. a. von Ziegelsteinen von der Flensburger Förde.
1766	Erscheinen der ersten Flensburger Zeitung
1800	Flensburg hat 12.000 Einwohner.
1848–1851	Die schleswig-holsteinische Erhebung endet mit dem Sieg der Dänen bei Idstedt. Flensburg wird von 1851 bis 1864 Hauptstadt des Herzogtums Schleswig.
1855	Einweihung des sog. „Englischen Bahnhofs" durch König Frederik VII. von Dänemark
1862	Errichtung des Idstedt-Löwen als dänisches Siegesdenkmal
1864	Krieg zwischen Preußen/Österreich und Dänemark um die Zugehörigkeit des Herzogtums Schleswig. Dänische Niederlage in Düppel, danach Entfernung des Idstedt-Löwen.
1867	Flensburg wird Teil der neuen preußischen Provinz Schleswig-Holstein.
1872	Gründung der Flensburger Schiffbau-Gesellschaft
1875	Flensburg hat 26.500 Einwohner.
1877	Errichtung einer Navigationsschule an der Straße Munketoft

1888	Gründung der Flensburger Export-Brauerei
1900	Flensburg hat 49.000 Einwohner.
1910	Einweihung der Marineschule Mürwik
1912	Hugo Eckener fliegt mit seinem Luftschiff „Hansa" über Flensburg.
1920	Abstimmung: 75 % entscheiden sich für den Verleib Flensburgs im Deutschen Reich.
1929	Beginn der Weltwirtschaftskrise. Flensburg hat 9.000 Arbeitslose.
1944	Flensburg hat 67.500 Einwohner
1945	Ende des „Dritten Reiches". Hitler-Nachfolger Dönitz wird in der Marineschule verhaftet.
1946	Pro-dänische Mehrheit in der Ratsversammlung
1946	Gründung der Pädagogischen Hochschule
1949	Flensburg hat 105.500 Einwohner.
1952	Einrichtung des Kraftfahrt-Bundesamtes
1962	Beate Uhse eröffnet ihren ersten Sex-Shop.
1964	Einweihung des neuen Rathauses
1968	Der Holm wird Fußgängerzone.
1972	Letzte Fahrt der Straßenbahn
1975	Beginn der Sanierung weiter Teile der Altstadt und flächendeckender Ausbau der Fernwärme
1982–83	Tätigkeit des falschen Arztes „Dr. Dr. Clemens Bartholdy" im Flensburger Gesundheitsamt
2000	Ausbau des Hochschul-Campus mit Fachhochschule, Universität und Hochschulbibliothek.
2001	Fertigstellung der Campus-Halle „Flens-Arena"
2003	Beginn des Konversionsprojekts Sonwik
2004	Die SG Flensburg-Handewitt wird zum ersten Mal deutscher Handball-Meister. Eröffnung der Marina Sonwik.
2009	Aus Anlass des 725-jährigen Stadtjubiläums besucht der dänische Kronprinz Frederik mit Kronprinzessin Mary die Stadt.
2010	Eröffnung des Campus-Bades auf dem Hochschulgelände
2011	Nach 149 Jahren Rückkehr des Idstedt-Löwen an seinen ursprünglichen Platz auf dem Alten Friedhof
2015	Die SG Flensburg-Handewitt gewinnt die Champions League.
2016	Flensburg hat knapp 90.000 Einwohner.

Literatur

700 Jahre Flensburg – eine kleine Stadtgeschichte, Flensburg, Kleine Reihe der Ges. für Flensb. Stadtgeschichte, Heft 11, 1984.

Andresen, Hans-Günther: Bauen in Backstein. Schleswig-Holsteinische Heimatschutz-Architektur zwischen Tradition und Reform. Zur Ausstellung der Schleswig-Holsteinischen Landesbibliothek vom 2. Juli bis 27. August 1989. Heide 1989.

Bodenstein, Eckhard: Wie rettet man einen Stadtteil? oder: Die St.-Jürgen-Straße in Flensburg – der erste nicht-kommerzielle Fußgängerbereich Schleswig-Holsteins – dargestellt aus der Sicht eines Betroffenen, in: Die Heimat 11/12 (1980), S. 417–427.

Brömel, Stefan: Die APO in der Provinz. Flensburg in den Jahren 1967–1972 – eine Collage, in: Jahrbuch Demokratische Geschichte 19 (2008), S. 199–234.

Der Spiegel, 13/1967: „Steinerner Trost" [über den Flensburger Kirchenstreit].

Der Spiegel 10/1980: „Tätige Reue" [über Stadtsanierung in Flensburg].

Flensburg in Geschichte und Gegenwart, Flensburg 1972, herausgegeben von der Gesellschaft für Flensburger Stadtgeschichte

Gram, Henrik / Wenzel, Eiko: Zeitzeichen. Architektur in Flensburg, hrsg. von der Architekten- und Ingenieurkammer Schleswig-Holstein, dem Landesamt für Denkmalpflege Schleswig-Holstein, der Stadt Flensburg und dem Verein Flensburger Baukultur e. V., Handewitt 2015.

Heldt, Uwe: 1865–1990, 125 Jahre Turn- und Sportbund Flensburg: Ein Beitrag zur Entwicklung von Turnen und Sport in Flensburg, Flensburg 1991.

Henningsen, Lars / Schwensen, Broder (Hrsg.): In Freundschaft und Vertrauen – Die Rückkehr des Idstedt-Löwen nach Flensburg 2011. Flensburg 2012.

Kläsener, Stefan Hans: Flensburger Tageblatt: 150 Jahre Stadtgeschichte aus Zeitungsperspektive, Neumünster 2016.

Oeding, Andreas / Schwensen, Broder / Sturm, Michael (Hrsg.): Flexi-

kon – 725 Aha-Erlebnisse, Flensburg 2009.
Petersen-Høkkelbjerg, Niels Kürstein, Poul: Ture i Nord- og Sydslesvig, Kopenhagen 1969.
Paul, Gerhard: Flensburger Kameraden. Wie Deutschlands hoher Norden nach dem Krieg für Tausende NS-Funktionäre und -Offiziere zur Fluchtburg und später vielfach zur sicheren Heimat wurde. In: Die Zeit, 01.02.2001.
Pump, Roland: Flensburg und seine Förde, Husum 2009.
Pust, Dieter: Flensburger Straßennamen, Flensburg 2005.
Schulte-Wülwer, Ulrich: Die Künstlerkolonie Ekensund am Nordufer der Flensburger Förde, 2. Auflage, Heide 2001.

Inhalt

Zu Beginn war die Geschichte . . . 6
Adelby 13
Alexandra 14
Alter Friedhof 16
Bibliotheken 18
Bier 21
Bommerlunder 22
Burghof 23
Dänen 26
Deutsches Haus 28
Einkaufspassagen und
Shopping-Center 30
Events 34
Flensborghus 36
Förde 38
Hafen 40
Hochschulen 46
Holm, Große und Norderstraße . . 48
Höfe 53
Idstedt-Löwe 60
Jürgensby 62
Kioske 64
Kirchen und Kloster 66
Kompagnietor 72
Kraftfahrt-Bundesamt (KBA) 74
Krankenhäuser 75
Marineschule Mürwik 76
Markante Gebäude 78
Museen 85
Mühlen 92
Neptunbrunnen 93
Nordertor 94
Parks 96
Persönlichkeiten 99
Petuh 102
Phänomenta 103
Quellen 104
Rathaus 106
Rote Straße 108
Rum 110
Schulen 112
Sonwik 114
Sport 116
Südermarkt 119
Treppen 120
Theater 122
Walzenmühle 124
Wassertürme 126
Werft 128
Zeitungen 130
Ziele in der Umgebung 131
Zeittafel 136
Literatur 138

Umschlag: Blick auf die Altstadt, das Nordertor und die Universität.

Seite 2/3: Der Oluf-Samson-Gang mit seinen pittoresken, liebevoll restaurierten kleinen Häusern war einst Teil des Rotlicht- und Kneipenbezirks an der Schiffbrücke, auch „die Küste" genannt. Von der Segelmacherstraße aus sieht man die hübsche Rückfront des „Oluf".

Bibliografische Information der Deutschen Nationalbibliothek
Die Deutsche Nationalbibliothek verzeichnet diese Publikation in der Deutschen Nationalbibliografie; detaillierte bibliografische Daten sind im Internet über http://dnb.dnb.de abrufbar.

Gesamtherstellung: Husum Druck- und Verlagsgesellschaft
Postfach 1480, D-25804 Husum – www.verlagsgruppe.de
ISBN 978-3-89876-844-3

FLENSBURG
HAFEN
Volkspark
Lautrupsbach
Christiansen-park
Mühlenstrom
200
Bauer Landstraße
Apenrader Straße
Batteriestr.
Michelsenstr.
Feldstraße
Gasstraße
Harrisleer Straße
Lornsendamm
Eckenerstraße
Neustadt
Werftstraße
Industriekai
Kielseng
Ballastbrücke
Arndtstraße
Am Volkspark
Schloßstraße
Norderfischerstr.
Waldstraße
Duburger Straße
Norderstraße
Herren-stall
Oluf-Samson.
Schiffbrücke
Am Lautrupsbach
Nordstraße
St.-Jürgen-Str.
Bismarckstraße
Flurstraße
Toosbüystraße
Kruthstraße
Neue Str.
Kompagniestr.
Marienstr.
Schiffbrück.
Marienhölzungsweg
Hafendamm
St.-Jürgen-Straße
Jürgensgaarder Straße
Norderhofenden
Wrangelstraße
Selkstraße
Nordergraben
Große Straße
Moltkestraße
Rathausstraße
Süderhofenden
Westerallee
Mühlenstraße
Friedrichstr.
Holm
Augustastraße
Johannisstraße
Reepschlägerbahn
Südergraben
Nikolaistraße
Friedr.-Ebert-Str.
Süderfischerstr.
Glücksburger Straße
Stuhrsallee
Angelburger Str.
Kappelner Str.
Marienallee
Friesische Straße
Rote Str.
Dr.-Todsen-Str.
Heinrichstraße
Schützenkuhle
Neumarkt
Fr.-Ebert-Str.
Waitzstraße
Husumer Straße
Munketoft
Schleswiger Straße
Bahnhofstraße
Zur Exe
Mühlendamm
1
2
3
4
5
6
7
9
10
11
13
14
15
17
19
20
21
22
24
25
26
27
28
29
30
31
32
34
35
36
37
38
40
41
43
45
46
47
48
49
50
56
57